危险化学品安全管理知识问答系列丛书

化工（危险化学品）企业主要负责人安全管理知识问答（第二版）

中国化学品安全协会　主编

中国石化出版社
HTTP://WWW.SINOPEC-PRESS.COM

内 容 提 要

本书按照《化工(危险化学品)企业主要负责人安全生产管理知识重点考核内容(第一版)》的培训要求编写，涵盖企业主要负责人需要掌握的国家安全生产方针政策和法律法规、法律法规对企业主要负责人安全生产要求、安全生产责任制及安全生产规章制度、安全教育和培训、安全生产标准化和安全文化、化工过程安全管理、风险分级管控和隐患排查治理、危险化学品和重大危险源、特殊作业安全管理、设备完好性与特种设备安全、安全设施和安全仪表、职业病危害及其预防措施、应急管理、事故和事件管理等方面的内容。

本书适合作为化工(危险化学品)企业主要负责人进行安全管理知识培训的教材，也可作为企业主要负责人日常安全学习和参考的材料。

图书在版编目(CIP)数据

化工(危险化学品)企业主要负责人安全管理知识问答/中国化学品安全协会主编. —2版. —北京:中国石化出版社, 2018.1(2018.10重印)
(危险化学品安全管理知识问答系列丛书)
ISBN 978-7-5114-4787-6

Ⅰ.①化… Ⅱ.①中… Ⅲ.①化工企业-安全生产-中国-安全培训-问题解答 Ⅳ.①F426.7-44

中国版本图书馆CIP数据核字(2017)第315967号

中国石化出版社出版发行

地址:北京市朝阳区吉市口路9号
邮编:100020 电话:(010)59964500
发行部电话:(010)59964526
http://www.sinopec-press.com
E-mail:press@sinopec.com
北京富泰印刷有限责任公司印刷
全国各地新华书店经销

*

710×1000毫米 16开本 13.75印张 187千字
2018年1月第2版 2018年10月第3次印刷
定价:55.00元

前　言 Preface

近年来，通过企业及各级安全监管部门广大干部职工的共同努力，化工(危险化学品)安全生产工作得到了进一步加强，安全生产形势趋于稳定好转。但是，化工(危险化学品)企业安全生产基础薄弱的状况还没有根本改变，事故仍时有发生。其中，企业主要负责人安全生产管理知识欠缺，法律意识和安全风险意识淡薄，安全生产专业能力不能满足安全生产的需要，是导致企业安全生产主体责任难以落实，重大安全风险无法有效掌控，事故隐患得不到及时处理的重要原因。

为规范化工(危险化学品)企业主要负责人安全生产知识、管理能力考核，推动其安全领导力的提升，2017年1月25日，国家安全监管总局办公厅发布了《关于印发化工(危险化学品)企业主要负责人安全生产管理知识重点考核内容等的通知》(安监总厅宣教〔2017〕15号)，制定了《化工(危险化学品)企业主要负责人安全生产管理知识重点考核内容(第一版)》。

在国家安全监管总局监管三司的指导下，中国化学品安全协会组织专家按照《化工(危险化学品)企业主要负责人安全生产管理知识重点考核内容(第一版)》十二个方面的要求，编写了《化工(危险化学品)企业主要负责人安全管理知识问答》，内容包括国家安全生产方针政策和法律法规、法律法规对企业主要负责人安全生产要求、安全生产责任制及安全生产规章制度、安全教育和培训、安全生产标准化和安全文化、化工过程安全管理、风险分级管控和隐患排查治理、危险化学品和重大危险源、特殊作业安全、设备完好性与特种设备安全、安全设施和安全仪表、职业病危害及其预防措施、应急管理、事故和事件管理等。附录为近年来典型事故案例及化工(危险化学品)企业主要负责人安全管理知识模拟试题。

因编写时间仓促，书中难免有不当之处和缺点错误，敬请读者指正并提出宝贵意见。

目录 Content

第一章 国家安全生产方针政策和法律法规

一、我国安全生产方针是什么?

《安全生产法》第三条规定“安全生产工作应当以人为本，坚持安全发展，坚持安全第一、预防为主、综合治理的方针”。

“安全第一”是要求我们在工作中始终把安全放在第一位。当安全与生产、安全与效益、安全与进度相冲突时，必须首先保证安全，即生产必须安全，不安全不能生产。

“预防为主”要求我们在工作中时刻注意预防安全事故的发生。在生产各环节，要严格遵守安全生产管理制度和安全技术操作规程，认真履行岗位安全职责，防微杜渐，防患于未然，发现事故隐患要立即处理，不能处理的要及时上报，要积极主动地预防事故的发生。

“综合治理”就是综合运用经济、法律、人管、法治、技防多管齐下，并充分发挥社会团体、从业人员、舆论的监督作用，实现安全生产的齐抓共管。“综合治理”是我们党和政府在总结了多年来安全监管实践经验的基础上作出的重大决策，体现了安全生产方针的新发展。

“安全第一、预防为主、综合治理”，三者是目标、原则和手段、措施的有机统一的辩证关系。不坚持安全第一，预防为主很难落实；坚持安全第一，才能自觉地或科学地预防事故发生，达到安全生产的预期目的；只有坚持预防为主，才能减少事故、消除隐患，才能做到安全生产。

二、《中共中央 国务院关于推进安全生产领域改革发展的意见》对健全落实安全生产责任制有哪些要求?

(1) 明确地方党委和政府领导责任。坚持党政同责、一岗双责、齐抓共管、失职追责，完善安全生产责任体系。地方各级党委和政府要始终把安全生产摆在重要位置，加强组织领导。党政主要负责人是本地区安全生产第一责任人，班子其他成员对分管范围内的安全生产工作负领导责任。地方各级安全生产委员会主任由政府主要负责人担任，成员由同级党委和政府及相关部门负责人组成。

(2) 明确部门监管责任。按照管行业必须管安全、管业务必须管安全、管生产经营必须管安全和谁主管谁负责的原则，厘清安全生产综合监管与行业监管的关系，明确各有关部门安全生产和职业健康工作职责，并落实到部门工作职责规定中。

(3) 严格落实企业主体责任。企业对本单位安全生产和职业健康工作负全面责任，要严格履行安全生产法定责任，建立健全自我约束、持续改进的内生机制。企业实行全员安全生产责任制度，法定代表人和实际控制人同为安全生产第一责任人，主要技术负责人负有安全生产技术决策和指挥权，强化部门安全生产职责，落实一岗双责。完善落实混合所有制企业以及跨地区、多层级和境外中资企业投资主体的安全生产责任。建立企业全过程安全生产和职业健康管理制度，做到安全责任、管理、投入、培训和应急救援“五到位”。国有企业要发挥安全生产工作示范带头作用，自觉接受属地监管。

(4) 健全责任考核机制。建立与全面建成小康社会相适应和体现安全发展水平的考核评价体系。完善考核制度，统筹整合、科学设定安全生产考核指标，加大安全生产在社会治安综合治理、精神文明建设等考核中的权重。

(5) 严格责任追究制度。实行党政领导干部任期安全生产责任制，日常工作依责尽职、发生事故依责追究。依法依规制定各有关部门安全生产权力和责任清单，尽职照单免责、失职照单问责。建立企业生产经营全过程安全责任追溯制度。严肃查处安全生产领域项目审批、行政许可、监管执法中的失职渎职和权钱交易等腐败行为。严格事故直报制度，对瞒报、谎报、漏报、迟报事故的单位和个人依法依规追责。对被追究刑事责任的生产经营者依法实施相应的职业禁入，对事故发生负有重大责任的社会服务机构和人员依法严肃追究法律责任，并依法实施相应的行业禁入。

三、企业安全生产责任体系“五落实”“五到位”规定的内容有哪些?

五落实：

（1）必须落实“党政同责”要求，董事长、党组织书记、总经理对本企业安全生产工作共同承担领导责任。

（2）必须落实安全生产“一岗双责”，所有领导班子成员对分管范围内安全生产工作承担相应职责。

（3）必须落实安全生产组织领导机构，成立安全生产委员会，由董事长或总经理担任主任。

（4）必须落实安全管理力量，依法设置安全生产管理机构，配齐配强注册安全工程师等专业安全管理人员。

（5）必须落实安全生产报告制度，定期向董事会、业绩考核部门报告安全生产情况，并向社会公示。

五到位：

必须做到安全责任到位、安全投入到位、安全培训到位、安全管理到位、应急救援到位。

四、我国安全生产法律法规体系如何构成?

安全生产法律、行政法规、地方性法规、部门规章和国家标准、行业标准共同构成安全生产法律法规体系。

(一) 法律

法律由全国人大及其常委会制定。法律是安全生产法律体系中的上位法，居于整个体系的最高层级，其法律地位和效力高于行政法规、地方性法规、部门规章、地方政府规章等下位法。国家现行的有关安全生产的专门法律有《安全生产法》《消防法》《道路交通安全法》《海上交通安全法》《矿山安全法》；与安全生产相关的法律主要有《劳动法》《职业病防治法》《工会法》《矿产资源法》《铁路法》《公路法》《民用航空法》《港口法》《建筑法》《煤炭法》《电力法》等。

(二) 法规

法规由国务院发布，包括有立法权机构——省、自治区、直辖市人民代表大会及其常务委员会和地方政府在不同宪法、法律、行政法规相抵触的前提下制定。如：《危险化学品安全管理条例》《安全生产许可证条例》《天津市安全生产条例》《山东省安全生产条例》等。安全生产法规分为行政法规和地方性法规。

(三) 规章

规章由国务院各部委等和具有行政管理职能的直属机构，省、自治区、直辖市和较大的市的人民政府制定。如：《危险化学品生产企业安全生产许可证实施办法》《危险化学品生产储存建设项目安全审查办法》《劳动防护用品监督管理规定》《安全生产违法行为行政处罚办法》《企业安全生产费用提取和使用管理办法》《浙江省安全生产培训管理实施细则》等。安全生产行政规章分为部门规章和地方政府规章。

(四) 法定安全生产标准

我国没有技术法规的正式用语且未将其纳入法律体系的范畴，但是国家制定的许多安全生产立法却将安全生产标准作为生产经营单位必须执行的技术规范而载入法律，安全生产标准法律化是我国安全生产立法的重要趋势。安全生产标准一旦成为法律规定必须执行的技术规范，它就具有了法律上的地位和效力。执行安全生产标准是生产经营单位的法定义务，违反法定安全生产标准的要求，同样要承担法律责任。因此，将法定安全生产标准纳入安全生产法律体系范畴来认识，有助于构建完善的安全生产法律体系。法定安全生产标准分为国家标准和行业标准，两者对生产经营单位的安全生产具有同样的约束力。法定安全生产标准主要是指强制性安全生产标准。

（1）国家标准：安全生产国家标准是指国家标准化行政主管部门依照《标准化法》制定的在全国范围内适用的安全生产技术规范。如《危险化学品重大危险源辨识》(GB 18218—2009)、《危险化学品生产单位特殊作业安全规范》(GB 30871—2014)、《危险货物品名表 》(GB 12268—2012)等。

（2）行业标准：安全生产行业标准是指国务院有关部门和直属机构依照《标准化法》制定的在安全生产领域内适用的安全生产技术规范。行业安全生产标准对同一安全生产事项的技术要求，可以高于国家安全生产标准但不得与其相抵触。如《危险化学品重大危险源安全监控通用技术规范》(AQ 3035—2010)、《安全评价通则》(AQ 8001—2007)、《建筑施工扣件式钢管脚手架安全技术规范》(JGJ 130—2011)、《电业安全工作规程(电力线路部分)》(DL 409—1991)等。

五、企业如何识别和获取使用安全生产法律法规？

企业应建立识别和获取使用安全生产法律法规的相关制度，确定责任部门，建立获取的渠道，认真分析并确认本企业在生产经营活动中适用的安全生产法律、法规及其他应遵守的要求，定期进行合规性评审，保证生产运营和管理活动的各个环节均符合法律、法规要求。

企业各职能部门应经常与政府主管部门、行业协会等部门保持联系，主动获取相关的法律、法规及其他要求，也可通过出版机构、书店、报刊、杂志、互联网进行补充，以确保企业在生产活动中能及时获取最新的有效版本。负责识别和获取使用安全生产法律法规的部门，对国家和地方政府颁布实施的有关安全生产法律法规、部门规章和标准及时进行整理、登记和建档，对已经废止或者不适用的法律法规进行删除。

企业应组织对新获取的法律法规认真学习、了解和掌握法律法规条款内容，结合企业实际，制订学习、宣传和贯彻法律法规的计划，并提出落实法律法规的规定和要求，及时修订相关管理制度。

企业应定期组织适用的法律法规符合性评审，及时发现生产经营和管理活动中的违法或潜在违法情况，采取纠正措施和预防措施，确保企业各项生产经营和管理活动合法合规。

第二章 法律法规对企业主要负责人安全生产要求

一、《安全生产法》对企业主要负责人有哪些要求？

生产经营单位的主要负责人对本单位的安全生产工作全面负责。对本单位安全生产工作负有下列职责：

（1）建立、健全本单位的安全生产责任制

建立、健全安全生产责任制是落实安全责任的关键。安全生产生产责任制涉及各个岗位、各个环节和每一个员工，必须由主要负责人亲自抓，才能将安全生产人人有责的要求落实下去。

（2）组织制定本单位安全生产规章制度和操作规程

安全生产规章制度、安全操作规程是企业安全生产的基础性工作，安全规章制度和操作规程既要符合法律法规和标准规范的要求，又要与企业安全生产实际相结合，需要强有力的组织和推动才能完成。安全规章制度和操作规程是企业依法合规生产的基础，是保障安全生产的关键。

（3）组织制定并实施本单位安全生产教育和培训计划

安全生产教育和培训是提高员工安全生产意识、掌握安全生产知识、提高安全生产技能的关键。搞好安全生产教育和培训，需要有明确的目标、合理的计划安排，才能保证教育和培训有序实施并取得实效。由于制定和实施安全生产教育和培训涉及单位整个生产经营活动的计划安排、资金保障、人员调度等问题，需要生产经营单位的主要负责人亲自组织推动。

（4）保证本单位安全生产投入的有效实施

安全生产投入涉及生产经营单位的直接利益，需要企业高层的决策。安全生产投入足额、到位，是实现本质安全的关键。目前，一些生产经营状况不良、主要负责人安全意识不高的企业，普遍存在着舍不得投入、心存侥幸不投入或者少投入的现象，造成重大安全隐患得不到根本治理、安全欠账越来越多，从而事故频发。

(5) 督促、检查本单位的安全生产工作，及时消除生产安全事故隐患

生产经营单位主要负责人作为企业生产经营活动的组织者和指挥者，对安全生产工作既要做出全面部署安排，又要进行督促、检查，才能将安全生产工作落实到位，及时消除威胁安全生产的事故隐患。

(6) 组织制定并实施本单位的生产安全事故应急救援预案

为了保证一旦发生生产安全事故时能够有效应对，将事故损失降到最低，必须事先有所准备，制定生产安全事故应急救援预案，对发生事故时如何抢救人员、控制事故范围、减少事故损失等做出应对计划和安排。这项工作涉及职责分工、资源配备、应急处置措施和外部救援力量的协调等多个方面，需要由生产经营单位主要负责人组织制定并推动实施。

(7) 及时、如实报告生产安全事故

按照《生产安全事故报告和调查处理条例》，及时、如实报告生产安全事故，是生产经营单位主要负责人的法定义务。“及时”，要求主要负责人在事故发生后，依照有关规定在最短的时间内向政府和有关部门报告，不得迟报，更不能瞒报。“如实”，要求主要负责人报告事故要真实、准确和客观，不得谎报、漏报。

二、企业主要负责人应承担的安全生产法律责任有哪些？

《中华人民共和国安全生产法》对企业主要负责人未履行职责，规

定了应承担的法律责任。

（1）生产经营单位的决策机构、主要负责人或者个人经营的投资人不依照本法规定保证安全生产所必需的资金投入，致使生产经营单位不具备安全生产条件的，责令限期改正，提供必需的资金；逾期未改正的，责令生产经营单位停产停业整顿。

有前款违法行为，导致发生生产安全事故的，对生产经营单位的主要负责人给予撤职处分，对个人经营的投资人处二万元以上二十万元以下的罚款；构成犯罪的，依照刑法有关规定追究刑事责任。

（2）生产经营单位的主要负责人未履行本法规定的安全生产管理职责的，责令限期改正；逾期未改正的，处二万元以上五万元以下的罚款，责令生产经营单位停产停业整顿。

生产经营单位的主要负责人有前款违法行为，导致发生生产安全事故的，给予撤职处分；构成犯罪的，依照刑法有关规定追究刑事责任。

生产经营单位的主要负责人依照前款规定受刑事处罚或者撤职处分的，自刑罚执行完毕或者受处分之日起，五年内不得担任任何生产经营单位的主要负责人；对重大、特别重大生产安全事故负有责任的，终身不得担任本行业生产经营单位的主要负责人。

（3）生产经营单位的主要负责人未履行本法规定的安全生产管理职责，导致发生生产安全事故的，由安全生产监督管理部门依照下列规定处以罚款：

① 发生一般事故的，处上一年年收入百分之三十的罚款；

② 发生较大事故的，处上一年年收入百分之四十的罚款；

③ 发生重大事故的，处上一年年收入百分之六十的罚款；

④ 发生特别重大事故的，处上一年年收入百分之八十的罚款。

（4）生产经营单位与从业人员订立协议，免除或者减轻其对从业人员因生产安全事故伤亡依法应承担的责任的，该协议无效；对生产经营单位的主要负责人、个人经营的投资人处二万元以上十万元以下的罚款。

(5) 生产经营单位的主要负责人在本单位发生生产安全事故时，不立即组织抢救或者在事故调查处理期间擅离职守或者逃匿的，给予降级、撤职的处分，并由安全生产监督管理部门处上一年年收入百分之六十至百分之一百的罚款；对逃匿的处十五日以下拘留；构成犯罪的，依照刑法有关规定追究刑事责任。

生产经营单位的主要负责人对生产安全事故隐瞒不报、谎报或者迟报的，依照前款规定处罚。

三、《危险化学品安全管理条例》对企业主要负责人有哪些管理要求?

(1) 生产、储存、使用、经营、运输危险化学品的单位(以下统称危险化学品单位)的主要负责人对本单位的危险化学品安全管理工作全面负责。

(2) 发生危险化学品事故，事故单位主要负责人应当立即按照本单位危险化学品应急预案组织救援，并向当地安全生产监督管理部门和环境保护、公安、卫生主管部门报告。

(3) 危险化学品单位发生危险化学品事故，其主要负责人不立即组织救援或者不立即向有关部门报告的，依照《生产安全事故报告和调查处理条例》的规定处罚。

危险化学品单位发生危险化学品事故，造成他人人身伤害或者财产损失的，依法承担赔偿责任。

四、我国对危险化学品企业领导带班的要求是什么?

国家安全监管总局 工业和信息化部　关于危险化学品企业贯彻落实《国务院关于进一步加强企业安全生产工作的通知》的实施意见(安监总管三〔2010〕186号)中规定，企业要建立领导干部现场带班制度，带班领导负责指挥企业重大异常生产情况和突发事件的应急处置，抽查企业各项制度的执行情况，保障企业的连续安全生产。企业副总工程师以上领导干部要轮流带班。生产车间也要建立由管理人员参加的车间值班制度。要切实加强企业夜间和节假日值班工作，及时报告和处理异常情况和突发事件。

五、企业取得安全生产许可证应具备哪些条件?

生产经营单位应当具备《安全生产法》和有关法律、行政法规和国家标准或者行业标准规定的安全生产条件；不具备安全生产条件的，不得从事生产经营活动。

《安全生产许可证条例》第六条明确提出，企业取得安全生产许可证，应当具备下列安全生产条件：

（1）建立、健全安全生产责任制，制定完备的安全生产规章制度和操作规程；

（2）安全投入符合安全生产要求；

（3）设置安全生产管理机构，配备专职安全生产管理人员；

（4）主要负责人和安全生产管理人员经考核合格；

（5）特种作业人员经有关业务主管部门考核合格，取得特种作业操作资格证书；

（6）从业人员经安全生产教育和培训合格；

（7）依法参加工伤保险，为从业人员缴纳保险费；

（8）厂房、作业场所和安全设施、设备、工艺符合有关安全生产法律、法规、标准和规程的要求；

（9）有职业危害防治措施，并为从业人员配备符合国家标准或者行业标准的劳动防护用品；

（10）依法进行安全评价；

（11）有重大危险源检测、评估、监控措施和应急预案；

(12)有生产安全事故应急救援预案、应急救援组织或者应急救援人员，配备必要的应急救援器材、设备；

(13)法律、法规规定的其他条件。

六、什么是危险化学品建设项目安全设施“三同时”?

《安全生产法》第二十八条要求，生产经营单位新建、改建、扩建工程项目的安全设施，必须与主体工程同时设计、同时施工、同时投入生产和使用。

生产经营单位建设项目是否具备安全设施，对于能否保障安全生产具有直接的影响。保证安全，首先建设项目必须有相应的安全设施，这是保证安全生产的重要基础。近年来发生的一些生产安全事故，不少都与生产经营单位建设项目的安全设施不健全有关。有的生产经营单位的建设项目不考虑必要的安全设施，有的安全设施与主体工程不配套，往往是主体工程建成投产了，安全设施还没有配套实施。特别是随着市场经济的发展和市场竞争的激烈、生产经营成本的提高，不少生产经营单位为了最大限度地追求经济利益，不重视安全设施建设的问题较为严重。为了确保生产经营单位建设项目安全设施的建设，《安全生产法》明确规定了安全设施与主体工程的“三同时”。

所谓安全设施与主体工程“三同时”，是指生产经营单位建设项目的安全设施必须与主体工程同时设计、同时施工、同时投入生产和使用。同时设计，要求在编制建设项目的设计文件时，必须同时编制安全设施的设计，不得不编制或者迟延编制。这是保证安全设施建设的第一个环节，非常重要。安全设施设计还必须符合有关法律、法规、规章和国家标准的要求，不得随意降低要求。同时施工，要求建设项目施工过程中，必须严格按照设计要求，对安全设施同时进行施工，安全设施施工不得偷工减料，降低建设质量。同时投入生产和使用，要求安全设施必须与主体工程同时竣工并经验收合格后，同时投入生产和使用，不得只将主体工程投入生产和使用，而将安全设施摆样子，不予使用。

七、危险化学品建设项目为何必须按照国家有关规定进行安全评价？

危险化学品建设项目危险因素多、危险性大，是事故多发的领域，且一旦发生事故，不仅会给本单位从业人员的生命安全及财产造成损害，还可能殃及周围群众的生命和财产安全，因此有必要对其实行安全管理措施。

按照国家有关规定对危险化学品建设项目进行安全评价就是国家采取的重要安全措施之一。安全评价是指从技术、经济、社会等角度对建设项目的安全情况进行分析、评估，并提出防治对策和措施。建设项目安全评价涉及的内容很多，如水文、地质条件分析，厂址的选择，技术上的保证，等等，是一项系统性工作。这里的“国家有关规定”包括国家安全监督管理总局和国务院有关部门制定的安全评价通则、导则等。实践中，技术力量较强、有条件的生产经营单位，可以自己承担安全评价，也可以委托专业机构进行安全评价。无论谁承担安全评价工作，都必须严格遵守有关规定，保证安全评价结果客观、真实和科学，为有关安全生产决策提供准确的依据。

八、生产经营单位的主要负责人必须具备哪些知识和能力？

《安全生产法》第二十四条规定，“生产经营单位的主要负责人和安全生产管理人员必须具备与本单位所从事的生产经营活动相应的安全生产知识和管理能力。”

危险化学品的生产、经营、储存单位的主要负责人和安全生产管理人员，应当由主管的负有安全生产监督管理职责的部门对其安全生产知识和管理能力考核合格。

生产经营单位主要负责人对本单位的安全生产工作全面负责。生产经营单位的主要负责人和安全生产管理人员在安全生产方面的知识水平和管理能力，直接关系到本单位安全生产管理工作水平。生产经营单位主要负责人和安全生产管理人员缺乏基本的安全生产知识，安全生产管理和组织能力不强，指挥不当、调度不及时，措施不得力，是导致事故发生的重要原因之一。生产经营单位主要负责人既懂生产经营，也懂安全生产管理，对于提高生产经营单位的安全生产管理水平，保障安全生产，具有十分重要的意义。

生产经营单位主要负责人在知识和能力方面的要求：必须具备与本单位所从事的生产经营活动相应的安全生产知识和管理能力。这是一项原则性要求。一般来说，生产经营单位的主要负责人要熟悉和了解国家有关安全生产的法律、法规、规章以及方针政策，要对本单位所从事生产经营活动必需的安全知识有一定的了解，并能够较好地组织和领导本单位的安全生产工作。“相应的安全生产知识和管理能力”，既要考虑单位的生产经营范围、规模，还要考虑单位的性质、危险程度等因素。

由于危险化学品的生产、经营、储存单位专业性强、危险性大，属于事故多发的领域，对这类生产经营单位的主要负责人的安全生产知识和管理能力应当有更高的要求。对主要负责人来说，不仅要具备相应的安全生产知识和管理能力，还要经有关主管部门考核合格，增加了一道考核程序，以确保其具备相应的安全生产知识和管理能力。

为进一步推动企业落实安全生产主体责任，严格规范企业主要负责人安全生产知识、管理能力考核，提升业务素质，国家安全生产监督管理总局印发了“化工(危险化学品)企业主要负责人安全生产管理知识重点考核内容等的通知”（安监总厅宣教〔2017〕15号），提出了化工（危险化学品）企业主要负责人安全生产管理知识重点考核十二个方面的内容：

（1）掌握国家安全生产方针政策，了解危险化学品安全生产相关法律法规标准体系的框架。

（2）掌握《安全生产法》《危险化学品安全管理条例》对化工（危险化学品）企业安全生产的要求，了解其他法律法规对化工（危险化学品）企业安全生产的基本要求，熟悉国家有关化工行业安全准入（限制）条件及危险化学品建设项目安全设施“三同时”的要求，熟悉地方政府对化工（危险化学品）企业的安全生产要求。

（3）掌握企业主要负责人安全生产责任和义务，掌握本企业安全生产责任制、主要安全生产管理制度，掌握安全生产管理机构设置及人员配备要求，掌握安全费用提取和使用的管理要求，熟悉组织企业安全检查的主要方式。

（4）了解国家对危险化学品特种作业人员的要求，了解政府有关部门对企业安全教育和培训的基本要求。

（5）掌握化工过程安全管理（PSM）的主要要素，熟悉危险化学品安全生产标准化主要内容，了解构建企业安全文化的基本路径、方式方法。

（6）熟悉本企业涉及危险化学品（原料、中间产品、最终产品和主要的辅助材料）的危险特性和防护要求，熟悉本企业工艺技术路线的安全特点，掌握关键装置、要害部位的主要风险及管控措施，掌握本企业重大危险源及其管理要求，了解风险分级管控和隐患排查治理双重预防机制的基本要求。

（7）了解特殊作业的管理要求，熟悉动火作业的分级管理，以及动火、进入受限空间作业的主要风险和管控措施。

（8）了解本企业主要安全设施、特种设备及安全仪表（包括可燃有毒气体泄漏检测报警系统）的基本管理要求。

（9）了解本企业职业病危害及其预防措施。

(10) 熟悉本企业应急救援职责和应急处置程序，了解外部应急联动的部门、方式、主要资源。

(11) 掌握事故信息上报的时限、程序、内容等要求，熟悉事故事件调查处理“四不放过”原则。

(12) 了解本行业重特大及典型事故教训。

第三章 安全生产责任制及安全生产规章制度

一、企业为何要建立安全生产责任制和安全生产规章制度？

企业是生产经营活动的主体，也是安全生产工作的责任主体。要确保安全生产，最根本的就是生产经营单位要加强安全生产管理，而加强安全生产管理，首先是要建立、健全安全生产责任制和安全生产规章制度。这既是安全生产工作的客观规律，也是生产经营单位的法定义务。生产经营单位建立、健全安全生产责任制，制定安全生产规章制度，是主要负责人的安全生产管理职责。

安全生产责任制是明确本单位各岗位的安全生产责任及其配置、分解和监督落实的制度体系，是保障本单位安全生产的核心制度。实践证明，只有建立、健全安全生产责任制，才能做到明确责任、各负其责；才能更好地互相监督、层层落实责任，真正使安全生产有人管、有人负责。因此，建立、健全安全生产责任制是生产经营单位加强安全生产管理的最为重要的途径和抓手。

安全生产规章制度是生产经营单位根据有关法律、法规、规章，结合本单位实际情况和特点制定的有关安全生产管理的规范和制度，是本单位安全生产管理最直接的依据。是企业依法合规的保障。

二、安全生产责任制应当包括哪些内容?

由于生产经营单位生产经营活动性质、特点以及安全生产的状况不同，其安全生产责任制的内容也不完全相同。但安全生产责任制应当包括各岗位的责任人员、责任范围和考核标准等内容。

(1) 各岗位的责任人员

安全生产责任制的重要作用之一就是责任落实到人，解决“由谁负责”的问题，防止责任主体不明确导致无人负责。因此，生产经营单位的安全生产责任制必须首先明确每个岗位的责任人员。实践中要注意三点：一是每个岗位都要明确责任人，无论是管理岗位、操作岗位还是其他辅助性岗位都不能例外。二是实行全员责任，从主要负责人、分管负责人和其他负责人、安全生产管理人员、现场指挥调度人员到普通从业人员，每个人都要明确责任。三是责任人员必须是具体的个人，落实到人头，即使是共同负责，也应明确哪些人共同负责。

(2) 各岗位的责任范围

在明确责任人员的同时，安全生产责任制还必须明确各岗位的责任范围，解决每个岗位“负什么责”的问题，使每个人都清楚自己的责任所在，防止责任不明，无所适从。明确责任范围，一是要边界清晰，不能模模糊糊、似是而非；二是要具体，不能过于笼统或者大而化之；三要合理，与岗位职责相称，体现出差异性。比如，生产经营单位的主要负责人对本单位的安全生产全面负责，安全生产管理人员负责本单位安全生产的日常管理工作，车间主任、班组长等现场指挥和管理人员负责一线安全生产管理工作，普通从业人员的责任则主要是按章操作等。

(3) 考核标准

各岗位责任人员是否严格执行了岗位责任，履行责任的程度和效果如何，需要一套标准来加以考核。考核标准关键是要有针对性和可操作性，适应不同岗位、不同人员的实际情况。

三、如何建立安全生产责任制的监督考核机制?

安全生产责任制建立后，如果没有相应的监督考核机制，落实就没有保障。为保证将安全生产责任制落实到位，生产经营单位应当建立相应的机制，加强对安全生产责任制落实情况的监督考核，保证安全生产责任制的落实。

所说的相应的机制，是指对安全生产责任制的落实情况进行监督考核的机制。具体建立什么样的机制，生产经营单位可以根据自身情况自主决定。比如，生产经营单位的决策层定期研究讨论安全生产责任制的落实情况；定期检查、随机抽查或者把安全生产责任制的落实情况作为日常安全生产检查的必查内容；建立各岗位对安全生产责任制落实情况的自查自纠和定期报告制度；对安全生产责任制落实情况定期评估、考核，并与职工业绩考核和奖惩挂钩，等等。总之，通过建立相应的监督考核机制，最终达到落实安全生产责任制的目的。

四、危险化学品企业应当建立健全哪些安全生产规章制度?

危险化学品企业应当根据法律法规要求，以及组织机构、职责分工、化工工艺、装置、设施等实际情况，制定至少包含以下内容的安全生产规章制度：

(1) 安全生产例会等安全生产会议制度；

(2) 安全投入保障制度；

(3) 安全生产奖惩制度；

(4) 安全培训教育制度；

(5) 领导干部轮流现场带班制度；

(6) 特种作业人员管理制度；

(7) 安全检查和隐患检查治理制度；

(8) 重大危险源评估和安全管理制度;

(9) 变更管理制度;

(10) 应急管理制度;

(11) 事故管理制度;

(12) 防火、防爆、防中毒、防泄漏管理制度;

(13) 工艺、设备、电气仪表、公用工程安全管理制度;

(14) 动火、进入受限空间、吊装、高处、盲板抽堵、动土、断路、设备检维修等作业安全管理制度;

(15) 危险化学品安全管理制度;

(16) 职业健康相关管理制度;

(17) 劳动防护用品使用维护管理制度;

(18) 承包商管理制度;

(19) 安全管理制度及操作规程定期修订制度。

五、危险化学品企业安全生产管理机构及人员如何设置和配备?

《安全生产法》第二十一条规定“矿山、金属冶炼、建筑施工、道路运输单位和危险物品的生产、经营、储存单位,应当设置安全生产管理机构或者配备专职安全生产管理人员。”

危险化学品的生产、经营、储存单位不管其规模或人数,都应当设置安全生产管理机构或者配备专职安全生产管理人员。

原则上,生产经营单位作为市场主体,其内部机构设置和人员配备应自主决定。但是,安全生产涉及社会公共安全和公共利益,对生产经营单位安全生产管理机构的设置和安全生产管理人员的配备,政府需要进行管理和干预。安全生产的局面不会自然出现,必须有人具体管、具体负责。落实生产经营单位的安全生产主体责任,需要生产经营单位在内部组织架构和人员配置上对安全生产工作予以保障。安全生产管理机构和安全生产管理人员，是生产经营单位开展安全生产管理工作的重要前提，在生产经营单位的安全生产中发挥着不可或缺的重要作用。

分析近年来发生的生产安全事故，生产经营单位没有设置相应的安全生产管理机构或者配备必要的安全生产管理人员，是重要原因之一。特别是在市场经济条件下，这一问题更加突出。因此，明确生产经营单位在设置安全生产管理机构和配备安全生产管理人员方面的义务，对于加强安全生产管理工作，十分必要。

“安全生产管理机构”是指生产经营单位内部设立的专门负责安全生产管理事务的机构。“专职安全生产管理人员”是指在生产经营单位中专门负责安全生产管理，不兼作其他工作的人员。危险化学品的生产、经营、储存单位的危险因素多，危险性大，无论其规模大小，都应设置安全生产管理机构或者配备专职安全生产管理人员。

实践中，设置安全生产管理机构，配备专职安全生产管理人员，生产经营单位可以根据本单位的规模以及安全生产状况等实际情况，自主做出决定。一般来讲，规模较小的生产经营单位，可只配备专职安全生产管理人员；规模较大的生产经营单位则应当设置安全生产管理机构。从根本上说，无论是设置安全生产管理机构还是配备专职安全生产管理人员，必须以满足本单位安全生产管理工作的实际需要为原则。

国家安全监管总局 工业和信息化部关于危险化学品企业贯彻落实《国务院关于进一步加强企业安全生产工作的通知》的实施意见(安监总管三〔2010〕186 号)第 3 条进一步明确了配备安全人员的数量和资质要求：“企业要设置安全生产管理机构或配备专职安全生产管理人员。安全生产管理机构要具备相对独立职能。专职安全生产管理人员应不少于企业员工总数的 2%(不足 50 人的企业至少配备 1 人)，要具备化工或安全管理相关专业中专以上学历，有从事化工生产相关工作 2 年以上经历，取得安全管理人员资格证书。”

六、如何提取和使用安全费用？

《安全生产法》第二十条规定“生产经营单位应当具备的安全生产条件所必需的资金投入，由生产经营单位的决策机构、主要负责人或者个人经营的投资人予以保证，并对由于安全生产所必需的资金投入不足导致的后果承担责任。”

（一）保证安全生产资金投入的责任主体

生产经营单位要具备安全生产条件，特别是持续具备安全生产条件，必须有相应的资金投入。实践中，一些生产经营单位只顾追求经济效益，安全投入不足甚至不投入的现象较为普遍，“安全欠账”问题突出。现在从法律上进一步明确保证了生产经营单位安全生产资金投入的责任主体。

生产经营单位应当具备的安全生产条件所需的资金投入，由生产经营单位的决策机构、主要负责人或者个人经营的投资人予以保证。一方面明确了资金投入的最低要求，即必须保证生产经营单位能够持续地具备安全生产法和有关法律、法规、国家标准或者行业所规定的安全生产条件；另一方面明确了保证资金投入的责任主体，即生产经营单位的决策机构、主要负责人或者个人经营的投资人。对于设立了股东会、董事会等决策机构的生产经营单位，由其决策机构保证本单位安全生产的资金投入；没有设立决策机构的生产经营单位，由其主要负责人保证安全生产的资金投入；个人投资经营的生产经营单位，则由投资人保证安全生产的资金投入。生产经营单位的决策机构、主要负责人或者个人经营的投资人在本单位处于决策、领导的地位，对保证安全生产所需资金投入负有责任，对安全生产所必需的资金投入不足导致的后果承担法律责任，包括民事赔偿责任、行政责任以及刑事责任。

（二）安全费用的提取和使用

2012 年 2 月财政部、国家安全生产监督管理总局制定了《企业安全生产费用提取和使用管理办法》，明确了提取安全生产费用的企业范围、安全生产费用的提取标准、使用范围以及监督检查等事项。根据该管理办法的规定，安全生产费用是指企业按照规定提取在成本中列支，专门用于完善和改进企业或者项目安全生产条件的资金。

安全费用按照“企业提取、政府监管、确保需要、规范使用”的原则进行管理。

1. 安全费用的提取标准

危险品生产与储存企业以上年度实际营业收入为计提依据，采取超额累退方式按照以下标准平均逐月提取：

① 营业收入不超过1000万元的，按照4%提取；

② 营业收入超过1000万元至1亿元的部分，按照2%提取；

③ 营业收入超过1亿元至10亿元的部分，按照0.5%提取；

④ 营业收入超过10亿元的部分，按照0.2%提取。

2. 安全费用的使用

危险品生产与储存企业安全费用应当按照以下范围使用：

① 完善、改造和维护安全防护设施设备支出（不含“三同时”要求初期投入的安全设施），包括车间、库房、罐区等作业场所的监控、监测、通风、防晒、调温、防火、灭火、防爆、泄压、防毒、消毒、中和、防潮、防雷、防静电、防腐、防渗漏、防护围堤或者隔离操作等设施设备支出；

② 配备、维护、保养应急救援器材、设备支出和应急演练支出；

③ 开展重大危险源和事故隐患评估、监控和整改支出；

④ 安全生产检查、评价（不包括新建、改建、扩建项目安全评价）、咨询和标准化建设支出；

⑤ 配备和更新现场作业人员安全防护用品支出；

⑥ 安全生产宣传、教育、培训支出；

⑦ 安全生产适用的新技术、新标准、新工艺、新装备的推广应用支出；

⑧ 安全设施及特种设备检测检验支出；

⑨ 其他与安全生产直接相关的支出。

在规定的使用范围内，企业应当将安全费用优先用于满足安全生产监督管理部门，以及行业主管部门对企业安全生产提出的整改措施或者达到安全生产标准所需的支出。

企业提取的安全费用应当专户核算，按规定范围安排使用，不得挤占、挪用。年度结余资金结转下年度使用，当年计提安全费用不足的，超出部分按正常成本费用渠道列支。

3. 安全费用的管理

企业应当建立健全内部安全费用管理制度，明确安全费用提取和使用的程序、职责及权限，按规定提取和使用安全费用。

企业应当加强安全费用管理，编制年度安全费用提取和使用计划，纳入企业财务预算。企业年度安全费用使用计划和上一年安全费用的提取、使用情况按照管理权限报同级财政部门、安全生产监督管理部门和行业主管部门备案。

七、如何组织和开展安全检查?

安全检查是企业安全管理的基础工作之一，应按照“谁主管、谁负责”和“全员、全过程、全方位、全天候”的原则，明确职责，建立健全企业安全检查制度和保证制度有效执行的管理体系，通过安全检查及时发现、及时消除各类安全生产隐患，保证企业安全生产。

为进一步推动和规范危险化学品企业安全检查和隐患排查治理工作，国家安全监管总局组织制定了《危险化学品企业事故隐患排查治理实施导则》(安监总管三〔2012〕103 号)、《化工(危险化学品)企业安全检查重点指导目录》(安监总管三〔2015〕113 号)。要求危险化学品企业要高度重视并持之以恒做好安全检查和隐患排查治理工作，建立安全检查和隐患排查治理工作责任制，完善安全检查和隐患排查治理制度，规范各项工作程序，建立安全检查和隐患排查治理的常态化机制。

(一) 安全检查的目的

安全检查的目的就是通过预先的计划和安排，按照检查标准，有组织地对生产经营场所的作业活动、设备设施、工艺过程、生产和储存场地等进行检查，发现不安全因素。检查中发现的不安全因素，经过评估，确定隐患等级，按照隐患治理管理制度，进行隐患治理。不安全因素包括：人的不安全行为、物的危险状态、管理上的缺陷。

事故隐患(以下简称隐患)，是指不符合安全生产法律、法规、规章、标准、规程和安全生产管理制度的规定，或者因其他因素在生产经营活动中存在可能导致事故发生或导致事故后果扩大的物的危险状态、人的不安全行为和管理上的缺陷。包括：

(1) 作业场所、设备设施、人的行为及安全管理等方面存在的不符合国家安全生产法律法规、标准规范和相关规章制度规定的情况。

(2) 法律法规、标准规范及相关制度未作明确规定，但企业危害识别过程中识别出作业场所、设备设施、人的行为及安全管理等方面存在的缺陷。

(二) 安全检查的组织

企业主要负责人负有组织制定安全管理制度和督促、检查安全生产的职责。安全检查制度是企业必须建立的安全规章制度。企业主要负责人应根据职责分工，明确各部门和岗位人员在安全检查工作中的职责。

安全检查要按检查的目的，分专业和部门，明确检查的责任人、检查内容、检查频次和检查结果处理的工作流程。安全检查要建立安全检查记录，记录检查的时间、内容、地点、部门或部位、检查人员、发现的问题。

安全检查要做到计划合理、标准明确、责任到人。定期检查与日常管理相结合，专业检查与综合检查相结合，例行检查与重点检查相结合，确保横向到边、纵向到底、及时发现、不留死角。

技术力量不足或危险化学品安全生产管理经验欠缺的企业应聘请有经验的化工专家或注册安全工程师指导企业开展安全检查工作。

(三) 安全检查的方式

安全检查工作可结合企业生产运行实际，采取定期、不定期的形式。一般有：

（1）日常安全检查。日常安全检查是指班组、岗位员工的交接班检查和班中巡回检查，以及基层单位领导和工艺、设备、电气、仪表、安全等专业技术人员的日常性检查。

（2）综合性安全检查。综合性安全检查是指以保障安全生产为目的，以安全责任制、各项专业管理制度和安全生产管理制度落实情况为重点，各有关专业和部门共同参与的全面检查。

（3）专业性安全检查。专业安全检查主要是指对区域位置及布置、工艺、设备、电气、仪表、储运、消防和公用工程等系统分别进行的专业检查。

（4）专项安全检查。专项安全检查是指对某项工作或过程进行的检查。如：重大危险源检查、开停车安全检查、放射源安全检查。

（5）季节性安全检查。季节性安全检查是指根据各季节特点开展的有针对性的检查，主要包括：

- 春季以防雷、防静电、防解冻泄漏、防解冻坍塌为重点；
- 夏季以防雷暴、防设备容器高温超压、防台风、防洪、防暑降温为重点；
- 秋季以防雷暴、防火、防静电、防凝保温为重点；
- 冬季以防火、防爆、防雪、防冻防凝、防滑、防静电为重点。

（6）重大活动及节假日前安全检查。在重大活动和节假日前，对装置生产是否存在异常状况和隐患、备用设备状态、备品备件、生产及应急物资储备、保运力量安排、企业保卫、应急工作等进行的检查，特别是要对节日期间干部带班值班、机电仪保运及紧急抢修力量安排、备件及各类物资储备和应急工作进行重点检查。

（7）发生事故后的安全检查。对企业内和同类企业发生事故后的举一反三的安全检查。

（四）安全检查的频次

企业进行安全检查的频次应满足：

（1）装置操作人员现场巡检间隔不得大于2小时，涉及“两重点一重大”的生产、储存装置和部位的操作人员现场巡检间隔不得大于1小时，宜采用不间断巡检方式进行现场巡检。

（2）基层车间(装置、单元)直接管理人员(主任、工艺设备技术人员)、电气、仪表人员每天至少两次对装置现场进行相关专业检查。

（3）基层车间应结合岗位责任制检查，至少每周组织一次安全检查，并和日常交接班检查和班中巡回检查中发现的不安全因素一起进行汇总；基层单位(厂)应结合岗位责任制检查，至少每月组织一次安全检查。

（4）企业应根据季节性特征及本单位的生产实际，每季度开展一次有针对性的季节性安全检查；重大活动及节假日前必须进行一次安全检查。

（5）企业至少每半年组织一次，基层单位至少每季度组织一次综合性安全检查和专业安全检查，两者可结合进行。

（6）当获知同类企业发生伤亡及泄漏、火灾爆炸等事故时，应举一反三，及时进行专项安全检查。

当发生以下情形之一，企业应及时组织进行相关专业的安全检查：

① 颁布实施有关新的法律法规、标准规范或原有适用法律法规、标准规范重新修订的；

② 组织机构和人员发生重大调整的；

③ 装置工艺、设备、电气、仪表、公用工程或操作参数发生重大改变的；

④ 外部安全生产环境发生重大变化；

⑤ 发生事故或对事故、事件有新的认识；

⑥ 气候条件发生大的变化或预报可能发生重大自然灾害。

（五）安全检查的内容

根据危险化学品企业的特点，安全检查包括但不限于以下内容：

1. 安全基础管理

（1）安全生产管理机构建立健全情况、安全生产责任制和安全管理制度建立健全及落实情况；

(2) 安全投入保障情况，参加工伤保险、安全生产责任险的情况；

(3) 安全培训与教育情况；

(4) 风险评价与安全隐患排查治理情况；

(5) 事故管理、变更管理及承包商的管理情况；

(6) 危险作业和检维修的管理情况。

2. 区域位置和布置

(1) 危险化学品重大危险源储存设施与《危险化学品安全管理条例》中规定的重要场所的安全距离；

(2) 可能造成水域环境污染的危险化学品危险源的防范情况；

(3) 企业周边或作业过程中存在的易由自然灾害引发事故灾难的危险点排查、防范和治理情况；

(4) 企业内部重要设施的平面布置以及安全距离；

(5) 建构筑物的安全通道；厂区道路、消防道路、安全疏散通道和应急通道等重要道路(通道)的维护情况；安全警示标志的设置情况等。

3. 工艺系统

(1) 工艺的安全管理情况，工艺风险分析制度的建立和执行，操作规程的编制、审查、使用与控制，工艺安全培训的管理；

(2) 工艺技术及工艺装置的安全控制；

(3) 现场工艺安全状况，工艺指标的现场控制。

4. 设备系统

(1) 设备管理制度的建立与执行情况；

(2) 设备现场的安全运行状况；

(3) 特种设备(包括压力容器及压力管道)的现场管理等。

5. 电气系统

(1) 电气系统的安全管理，电气安全相关管理制度、规程的制定及执行情况；

(2) 供配电系统、电气设备及电气安全设施的设置；

(3) 电气设施、供配电线路及临时用电的现场安全状况等。

6. 仪表系统

（1）仪表的综合管理，相关管理制度建立和执行情况；安全仪表系统的投用、摘除及变更管理等；

（2）仪表系统配置情况；

（3）现场各类仪表完好有效，检验维护及现场标识情况。

7. 危险化学品管理

（1）危险化学品分类、登记与档案的管理；

（2）按照国家有关规定对危险化学品进行登记；

（3）化学品安全信息的编制、培训和应急管理。

8. 储运系统

（1）储运系统的安全管理情况，储存管理制度以及操作、使用和维护规程制定及执行情况；

（2）重大危险源罐区现场的安全监控装备；

（3）储运系统罐区、储罐本体及其安全附件、铁路装卸区、汽车装卸区等设施的完好性。

9. 消防系统

（1）建设项目消防设施验收情况，消防安全制度的制定和执行情况；

（2）消防设施与器材的配备情况；

（3）消防设施与器材的维护和现场管理，消防道路情况。

10. 公用工程系统

（1）给排水、循环水系统、污水处理系统；

（2）供热站及供热管道设备设施、安全设施；

（3）空分装置、空压站设备设施。

第四章 安全教育和培训

一、企业、从业人员在安全生产教育和培训中各自承担的职责与义务是什么?

化工(危险化学品)企业必须对新上岗的临时工、合同工、劳务工、轮换工、协议工等进行强制性安全培训，保证其具备本岗位安全操作、自救互救以及应急处置所需的知识和技能后，方能安排上岗作业。

化工(危险化学品)企业的主要负责人负有“组织制定并实施本单位安全生产教育和培训计划”的职责。

化工(危险化学品)企业的安全生产管理机构以及安全生产管理人员负有“组织或者参与本单位安全生产教育和培训，如实记录安全生产教育和培训情况”的职责。

化工(危险化学品)企业从业人员有义务接受安全生产教育和培训，掌握本职工作所需的安全生产知识，提高安全生产技能，增强事故预防和应急处理能力。

二、从业人员的安全生产教育和培训由谁负责?

按照《安全生产法》第二十五条的规定，化工(危险化学品)企业应当对从业人员进行安全生产教育和培训，保证从业人员具备必要的安全生产知识，熟悉有关的安全生产规章制度和安全操作规程，掌握本岗位的安全操作技能，了解事故应急处置措施，知悉自身在安全生产方面的权利和义务。未经安全生产教育和培训合格的从业人员，不得上岗作业。

化工(危险化学品)企业使用被派遣劳动者的，应当将被派遣劳动者纳入本单位从业人员统一管理，对被派遣劳动者进行岗位安全操作规程和安全操作技能的教育和培训。劳务派遣单位应当对被派遣劳动者进行必要的安全生产教育和培训。

化工(危险化学品)企业接收中等职业学校、高等学校学生实习的，应当对实习学生进行相应的安全生产教育和培训，提供必要的劳动防护用品。学校应当协助生产经营单位对实习学生进行安全生产教育和培训。

三、化工(危险化学品)企业安全生产管理人员应该掌握哪些安全生产基本知识?

按照《化工(危险化学品)企业主要负责人安全生产管理知识重点考核内容》(安监总厅宣教〔2017〕15号)的要求，化工(危险化学品)企业安全生产管理人员至少应该掌握以下安全生产基本知识：

(1) 掌握国家安全生产方针政策，熟悉危险化学品安全生产相关法律法规标准体系框架，掌握有关法律法规、标准和规范性文件的获取渠道。

(2) 掌握《安全生产法》《危险化学品安全管理条例》对化工(危险化学品)企业安全生产的要求，熟悉其他有关法律法规对化工(危险化学品)企业安全生产的要求，熟悉国家危险化学品安全生产的部门规章、标准和安全监管部门有关规范性文件的要求，熟悉地方政府对化工(危险化学品)企业安全生产的要求。

(3) 掌握安全生产管理人员的安全生产责任和义务。

(4) 掌握政府有关部门对企业安全教育和培训的基本要求。

(5) 熟悉化工过程安全管理(PSM)要素，掌握全面加强化工企业安全生产的基本途径，掌握危险化学品安全生产标准化的主要内容和要求。

(6)熟悉本企业安全生产责任体系、安全生产管理制度体系和应急预案体系。

(7) 掌握燃烧、爆炸、中毒条件，熟悉防火、防爆、防中毒主要措施，熟悉闪点、燃点、沸点、凝固点、爆炸极限等概念及本企业危险化学品的数据，了解静电、雷电的危害及其预防措施。

(8) 掌握本企业危险化学品安全技术说明书(SDS)的主要内容。

(9) 掌握本企业的工艺过程的主要风险及管控措施，掌握关键装置、要害部位的主要风险及管控措施，掌握本企业主要安全设施、特种设备及安全仪表(包括可燃有毒气体泄漏检测报警系统)的基本管理要求。

(10) 掌握工作危害分析(JHA)、安全检查表(SCL)等风险分析方法，涉及“两重点一重大”企业的安全生产管理人员还要熟悉危险与可操作性分析(HAZOP)、保护层分析(LOPA)等风险分析方法，了解安全仪表完整性管理的有关要求，了解国家安全监管总局《危险化学品生产、储存装置个人可接受风险标准和社会可接受风险标准》。

(11) 熟悉本企业的主要风险及分级管控情况，熟悉隐患排查的范围、方法及要求，掌握本企业的隐患排查治理现状。

(12) 熟悉危险化学品重大危险源定义、辨识、分级及管理要求，掌握本企业重大危险源的现状和管控措施。

(13) 熟悉变更管理的内容、程序和要求，熟悉承包商安全管理的主要程序及要求。

(14) 熟悉试生产和开停车安全管理要求，掌握特殊作业的管理要求，以及特殊作业的主要风险、管控措施。

(15) 掌握本企业职业病危害因素及危害特性，熟悉职业病危害因素申报、检测、危害告知与标识、防控措施等要求，熟悉健康体检、职业禁忌症及健康档案等管理要求。

（16）掌握本企业个体防护装备的分类、选用和管理要求。

（17）熟悉本企业应急组织机构与职责、应急响应原则与程序、应急物资配备情况。

（18）掌握应急预案的编制、演练和管理要求，以及本企业应急预案及应急处置措施，了解典型事故应急管理的经验与教训。

（19）熟悉本行业重特大及典型事故案例，熟悉本行业近期事故情况。

（20）掌握事故分析的基本知识，熟悉事故、事件的分级及管理要求，掌握事故上报的程序、时限及内容等要求，掌握事故事件调查处理“四不放过”及事故事件档案等管理要求。

四、什么是特种作业？危险化学品企业特种作业人员一般有哪些种类？培训考核要求是什么？

特种作业，是指容易发生事故，对操作者本人、他人的安全健康及设备、设施的安全可能造成重大危害的作业。特种作业的范围由特种作业目录规定。（国家安全生产监督管理总局令第30号《特种作业人员安全技术培训考核管理规定》）。

化工（危险化学品）企业的特种作业人员是指从事危险化工工艺过程操作及化工自动化控制仪表安装、维修、维护的作业，以及电气运行、设备设施安装维修等相关危险作业，作业中容易发生事故，对操作者本人、他人的安全健康及设备、设施的安全可能造成重大危害的作业。一般有：

（1）电工作业：高压电工作业、低压电工作业、防爆电气作业；

（2）焊接与热切割作业：熔化焊接与热切割作业、压力焊作业、钎焊作业；

（3）高处作业：登高架设作业、高处安装、维护、拆除作业；

（4）制冷与空调作业：制冷与空调设备运行操作作业、制冷与空调设备安装修理作业；

(5)危险化学品安全作业：光气及光气化工艺作业、氯碱电解工艺作业、氯化工艺作业、硝化工艺作业、合成氨工艺作业、裂解(裂化)工艺作业、氟化工艺作业、加氢工艺作业、重氮化工艺作业、氧化工艺作业、过氧化工艺作业、胺基化工艺作业、磺化工艺作业、聚合工艺作业、烷基化工艺作业、化工自动化控制仪表作业。

特种作业人员必须经专门的安全技术培训并考核合格，取得《中华人民共和国特种作业操作证》后，方可上岗作业。培训包括其所从事的特种作业相应的安全技术理论和实际操作。

省、自治区、直辖市人民政府安全生产监督管理部门或者指定的考核发证机关可以委托设区的市人民政府安全生产监督管理部门或者指定的机构实施特种作业人员的安全技术培训、考核、发证、复审工作。

化工(危险化学品)企业作为特种设备使用单位，应当按照《中华人民共和国特种设备安全法》(中华人民共和国主席令第4号)第十三条的规定，配备必要的特种设备安全管理人员和特种设备操作人员，并对其进行必要的安全教育和技能培训，按照国家有关规定取得相应资格后，方可从事相关工作。

五、对企业主要负责人、安全管理人员、新员工安全培训学时的要求是什么？对转岗、离岗人员安全培训要求是什么？

化工(危险化学品)企业主要负责人和安全生产管理人员初次安全培训时间不得少于48学时，每年再培训时间不得少于16学时。

化工(危险化学品)企业新上岗的从业人员安全培训时间不得少于72学时，每年接受再培训的时间不得少于20学时。

化工(危险化学品)企业从业人员在本企业内调整工作岗位或离岗一年以上重新上岗时，应当重新接受车间(工段、区)和班组级的安全培训。

六、当企业生产状况发生变更时如何进行培训？

化工(危险化学品)企业实施新工艺、新技术或者使用新设备、新材料时，或者实施工艺技术变更、设备设施变更后，应当对有关从业人员重新进行有针对性的安全培训。

新建企业应规定从业人员文化素质要求，加强从业人员专业技能培养。工厂开工建设后，企业就应招录操作人员，使操作人员在上岗前先接受规范的基础知识和专业理论培训，确保管理人员和操作人员考核合格。新装置投用前要完成管理人员和操作人员岗位技能培训。

七、检维修作业时如何开展培训？

企业对设备操作、维修人员要进行专门的培训和资格考核，培训考核情况要记录存档。

在检维修作业前，对检维修人员进行安全培训教育；如涉及特殊作业，还需按照《化学品生产单位特殊作业安全规范》(GB 30871—2014)的要求进行相关培训。

企业应对承包商的作业人员进行入厂安全培训教育，经考核合格发放入厂证，保存安全培训教育记录。进入作业现场前，作业现场所在基层单位应对施工单位的作业人员进行进入现场前安全培训教育，保存安全培训教育记录。

八、日常安全教育包括哪些内容？

企业安全生产管理部门或专职安全生产管理人员应结合安全生产实际，制定管理部门、班组月度安全活动计划，规定活动形式、内容和要求。

企业管理部门、班组应按照月度安全活动计划开展安全活动和基本功训练。管理部门安全活动每月不少于1次，每次活动时间不少于2学时。班组安全活动每月不少于2次，每次活动时间不少于1学时。班组安全活动应有负责人、有计划、有内容、有记录。企业负责人应每月至少参加1次班组安全活动，基层单位负责人及其管理人员应每月至少参加2次班组安全活动。企业安全生产管理部门或专职安全生产管理人员应每月至少1次对安全活动记录进行检查，并签字。

企业应对外来参观、学习等人员进行有关安全规定及安全注意事项的培训或告知。

九、企业安全教育培训组织至少包括哪些方面?

企业应根据培训需求调查编制年度安全教育培训计划，并将安全培训工作纳入本单位年度工作计划，保证安全培训工作所需资金。安排从业人员进行安全培训期间，应当支付工资和必要的费用。

企业需建立厂、车间、班组三级安全教育培训体系，制定安全教育培训制度，建立健全从业人员安全培训档案，详细、准确记录培训考核情况。定期评估教育培训内容、方式和效果。

十、企业三级安全教育培训至少包括哪些内容?

企业级(一级)岗前安全培训内容至少包括：本企业基本情况及安全知识；本企业安全规章制度；从业人员有关安全的权利和义务；有关事故案例；事故应急救援、事故应急预案演练及防范措施等内容。

车间级(二级)岗安全培训内容应当包括：本车间安全状况及规章制度；工作环境及危险因素；所从事工种可能遭受的职业伤害和伤亡事故；所从事工种的安全职责、操作技能及强制性标准；自救互救、急救方法、疏散和现场紧急情况的处理；安全设备设施、个体防护装备的使用和维护；预防各类安全事故的措施及应注意的事项；有关事故案例；其他需要培训的内容。

班组级(三级)岗前安全培训内容应当包括：岗位(工种)安全操作规程；岗位之间工作衔接配合的安全事项；有关个体防护装备的使用方法；有关事故案例；事故现场应急处置方案；其他需要培训的内容。

十一、企业如何对安全培训效果进行评估?

企业安全教育培训主管部门应对培训教育效果进行评价，评价方法可包括发放调查表、试卷分析、现场交流等，至少包含培训内容、学员掌握情况、培训组织、授课方式、对培训的建议等相关内容，并根据评价结果制定改进措施。

第五章

安全生产标准化和安全文化

一、什么是企业安全生产标准化？

企业通过落实安全生产主体责任，全员全过程参与，建立并保持安全生产管理体系，全面管控生产经营活动各环节的安全生产与职业卫生工作，实现安全健康管理系统化，岗位操作行为规范化，设备设施本质安全化，作业环境器具定置化，并持续改进。

二、国家要求企业进行安全生产标准化建设的主要法律、法规有哪些？

1.《中华人民共和国安全生产法》(主席令第 13 号)

第四条　生产经营单位必须遵守本法和其他有关安全生产的法律、法规，加强安全生产管理，建立、健全安全生产责任制和安全生产规章制度，改善生产条件，推进安全生产标准化建设，提高安全生产水平，确保安全生产。

2.《国务院关于进一步加强企业安全生产工作的通知》(国发〔2010〕23 号)

第 7 条　全面开展安全达标。深入开展以岗位达标、专业达标和企业达标为内容的安全生产标准化建设，凡在规定时间内未实现达标的企业要依法暂扣其生产许可证、安全生产许可证，责令停产整顿；对整改逾期未达标的，地方政府要依法予以关闭。

第 12 条　强化企业安全生产属地管理。组织对企业安全生产状况进行安全标准化分级考核评价，评价结果向社会公开，并向银行业、证券业、保险业、担保业等主管部门通报，作为企业信用评级的重要参考依据。

3.《国务院关于坚持科学发展安全发展促进安全生产形势持续稳定好转的意见》(国发〔2011〕40 号)

(十四)推进安全生产标准化建设。在工矿商贸和交通运输行业领域普遍开展岗位达标、专业达标和企业达标建设，对在规定期限内未实现达标的企业，要依据有关规定暂扣其生产许可证、安全生产许可证，责令停产整顿；对整改逾期仍未达标的，要依法予以关闭。加强安全标准化分级考核评价，将评价结果向银行、证券、保险、担保等主管部门通报，作为企业信用评级的重要参考依据。

4. 中共中央国务院《关于推进安全生产领域改革发展的意见》(中发〔2016〕32 号)

(二十一)强化企业预防措施。大力推进企业安全生产标准化建设，实现安全管理、操作行为、设备设施和作业环境的标准化。

5. 国务院办公厅《关于印发危险化学品安全综合治理方案的通知》(国办发〔2016〕88 号)

(六)依法推动企业落实主体责任：深入推进安全生产标准化建设。根据不同行业特点，积极采取扶持措施，引导鼓励危险化学品企业持续开展安全生产标准化建设；选树一批典型标杆，充分发挥示范引领作用，推动危险化学品企业落实安全生产主体责任。

6.《国务院安委会关于深入开展企业安全生产标准化建设的指导意见》(安委〔2011〕4 号)

全面推进企业安全生产标准化建设，进一步规范企业安全生产行为，改善安全生产条件，强化安全基础管理，有效防范和坚决遏制重特大事故发生。

三、企业进行安全生产标准化建设达标的相关标准有哪些?

(1)《危险化学品从业单位安全标准化通用规范》(AQ3013—2008)

(2)《涂料生产企业安全生产标准化实施指南》(AQ 3040—2010)

(3)《溶解乙炔生产企业安全生产标准化实施指南》(AQ 3039—2010)

(4)《电石生产企业安全生产标准化实施指南》(AQ 3038—2010)

(5)《硫酸生产企业安全生产标准化实施指南》(AQ 3037—2010)

(6)《合成氨生产企业安全标准化实施指南》(AQ/T 3017—2008)

(7)《氯碱生产企业安全标准化实施指南》(AQ/T 3016—2008)

(8)《危险化学品从业单位安全生产标准化评审标准》(安监总管三〔2011〕93 号)

(9)《企业安全生产标准化基本规范》(GB/T 33000—2016)

四、《企业安全生产标准化基本规范》(GB/T 33000—2016)主要内容是什么?

本规范规定了企业安全生产标准化管理体系建立、保持与评定的原则和一般要求，以及目标职责、制度化管理、教育培训、现场管理、安全风险管控及隐患排查治理、应急管理、事故管理和持续改进 8 个体系的核心技术要求。

五、《危险化学品从业单位安全标准化通用规范》(AQ 3013—2008)的管理要素有哪些?安全生产标准化建设的原则和步骤是什么?

规范明确了危险化学品从业单位开展安全标准化的总体原则、过程和要求，管理要素如下：负责人与职责、风险管理、法律法规与管理制度、培训教育、生产设施与工艺安全、作业安全、产品安全与危害告知、职业危害、事故与应急、检查与自评。

企业进行安全生产标准化建设的原则：应遵循“安全第一、预防为主、综合治理”的方针，结合自身特点，落实企业主体责任，以安全风险管理、隐患排查治理、职业病危害防治为基础，以安全生产责任制为核心，建立安全生产标准化管理体系，注重科学性、规范性和系统性。实现全员参与，全面提升安全生产管理水平，持续改进安全生产工作，不断提升安全生产绩效，预防和减少事故的发生，保障人身安全健康，保证生产经营活动的有序进行。

安全标准化的建立过程，包括初始评审、策划、培训、实施、自评、改进与提高等 6 个阶段。

六、企业申请安全生产标准化达标评审的条件是什么？

（一）申请安全生产标准化三级达标评审的条件

1. 已依法取得有关法律、行政法规规定的相应安全生产行政许可；

2. 已开展安全生产标准化工作 1 年(含)以上，并按规定进行自评，自评得分在 80 分(含)以上，且每个 A 级要素自评得分均在 60 分(含)以上；

3. 至申请之日前 1 年内未发生人员死亡的生产安全事故或者造成 1000 万以上直接经济损失的爆炸、火灾、泄漏、中毒事故。

（二）申请安全生产标准化二级达标评审的条件

1. 已通过安全生产标准化三级企业评审并持续运行 2 年(含)以上，或者安全生产标准化三级企业评审得分在 90 分(含)以上，并经市级安全监管部门同意，均可申请安全生产标准化二级企业评审；

2. 从事危险化学品生产、储存、使用(使用危险化学品从事生产并且使用量达到一定数量的化工企业)、经营活动5年(含)以上且至申请之日前3年内未发生人员死亡的生产安全事故，或者10人以上重伤事故，或者1000万元以上直接经济损失的爆炸、火灾、泄漏、中毒事故。

(三) 申请安全生产标准化一级达标评审的条件

1.《国家安全监管总局关于印发危险化学品从业单位安全生产标准化评审标准》(安监总管三〔2011〕93号)规定申请安全生产标准化一级达标评审的条件：

(1)已通过安全生产标准化二级企业评审并持续运行2年(含)以上，或者装备设施和安全管理达到国内先进水平，经集团公司推荐、省级安全监管部门同意，均可申请一级企业评审；

(2)至申请之日前5年内未发生人员死亡的生产安全事故(含承包商事故)，或者10人以上重伤事故(含承包商事故)，或者1000万元以上直接经济损失的爆炸、火灾、泄漏、中毒事故(含承包商事故)。

2.《国家安全监管总局关于印发企业安全生产标准化评审工作管理办法(试行)的通知》(安监总办〔2014〕49号)明确申请安全生产标准化一级企业还应符合以下条件：

(1)在本行业内处于领先位置，原则上控制在本行业企业总数的1%以内；

(2)建立并有效运行安全生产隐患排查治理体系，实施自查自改自报，达到一类水平；

(3)建立并有效运行安全生产预测预控体系；

(4)建立并有效运行国际通行的生产安全事故和职业健康事故调查统计分析方法；

(5)相关行业规定的其他要求；

(6)省级安全监管部门推荐意见。

评审结果未达到企业申请等级的，申请企业可在进一步整改完善后重新申请评审，或根据评审实际达到的等级重新提出申请。被撤销安全生产标准化等级的企业，自撤销之日起满1年后，方可重新申请评审。

七、国家对安全生产标准化评审的分级要求有哪些?

1. 企业安全生产标准化达标等级分为一级企业、二级企业、三级企业，其中一级为最高。

2. 申请危险化学品从业单位安全生产标准化一级、二级、三级的企业评审得分均应在80分(含)以上，且每个A级要素评审得分均应在60分(含)以上。

3. 取得安全生产标准化证书的企业，在证书有效期内发生下列行为之一的，由原公告单位公告撤销其安全生产标准化企业等级:

(1) 在评审过程中弄虚作假、申请材料不真实的;

(2) 迟报、漏报、谎报、瞒报生产安全事故的;

(3) 企业发生生产安全死亡事故的。

八、国家对安全生产标准化达标企业期满复评的要求有哪些?

1. 取得安全生产标准化证书的企业，3年有效期届满后，可申请复评。

2. 满足以下条件，期满后可直接换发安全生产标准化证书:

(1) 按照规定每年提交自评报告并在企业内部公示;

(2) 建立并运行安全生产隐患排查治理体系，一级企业应达到一类水平，二级企业应达到二类及以上水平，三级企业应达到三类及以上水平，实施自查自改自报;

(3) 未发生生产安全死亡事故;

(4) 安全监管部门在周期性安全生产标准化检查工作中，未发现企业安全管理存在突出问题或者重大隐患；

(5) 未改建、扩建或者迁移生产经营、储存场所，未扩大生产经营许可范围。

3. 一、二级企业申请期满复评时，如果安全生产标准化评定标准已经修订，应重新申请评审。

4. 安全生产标准化达标企业提升达到高等级标准化企业要求的，可以自愿向相应等级评审组织单位提出申请评审。

5. 为推动通过评审的危险化学品安全生产标准化企业持续改进、不断强化安全生产工作，评审组织单位每年应按照不低于20%的比例组织抽查。抽查内容应覆盖企业适用的安全生产标准化所有要素，且覆盖企业半数以上的管理部门和生产现场。

九、什么是企业安全文化?

企业安全文化顾名思义是指企业(或行业)在长期安全生产和经营活动中，逐步形成的，或有意识塑造的又为全体职工接受、遵循的，具有企业特色的安全思想和意识、安全作风和态度、安全管理机制及行为规范。企业安全文化是安全的价值观、安全的审美观、安全的心理素质和企业的安全风貌等种种企业安全物质因素和安全精神因素之总和。简言之，企业安全文化是被企业组织的员工群体所共享的安全价值观、态度、道德和行为规范组成的统一体。

企业安全文化是企业文化的组成部分，它既包括保护职工在从事生产经营活动中的身心安全与健康，即无损、无害、不伤、不亡的物质条件和作业环境，也包括职工对安全的意识、信念、价值观、经营思想、道德规范、企业安全激励的精神因素。一般认为，企业安全文化由安全生产物质文化、安全制度文化和安全行为文化组成。

十、企业开展企业安全文化建设遵循的主要规范有哪些？

（1）关于印发《“十一五”安全文化建设纲要》的通知(安监总政法〔2006〕88号)

（2）《企业安全文化建设导则》(AQ/T 9004—2008)

（3）《企业安全文化建设评价准则》(AQ/T 9005—2008)

（4）《国务院安委会办公室关于大力推进安全生产文化建设的指导意见》(安委办〔2012〕34号)

（5）各省市相继发布的《安全文化建设纲要》

十一、《企业安全文化建设导则》(AQ/T 9004—2008)对企业的建设要求是什么？安全文化建设的七大基本要素是什么？

（1）企业在安全文化建设过程中，应充分考虑自身内部的和外部的文化特征，引导全体员工的安全态度和安全行为，实现在法律和政府监管要求之上的安全自我约束，通过全员参与实现企业安全生产水平持续进步。

（2）企业安全文化建设的七大基本要素是：安全承诺、行为规范与程序、安全行为激励、安全信息传播与沟通、自主学习与改进、安全事务参与、审核与评估。

十二、如何推进与保障本企业安全文化建设？

（1）规划与计划：企业应充分认识安全文化建设的阶段性、复杂性和持续改进性，由最高领导人组织制定推动本企业安全文化建设的长期规划和阶段性计划。规划和计划应在实施过程中不断完善。

(2) 保障条件：企业应充分提供安全文化建设的保障条件，包括：

——明确安全文化建设的领导职能，建立领导机制；

——确定负责推动安全文化建设的组织机构与人员，落实其职能；

——保证必需的建设资金投入；

——配置适用的安全文化信息传播系统。

(3) 推动骨干的选拔和培养：企业宜在管理者和普通员工中选拔和培养一批能够有效推动安全文化发展的骨干。这些骨干扮演员工、团队和各级管理者指导老师的角色，承担辅导和鼓励全体员工向良好的安全态度和行为转变的职责。

十三、《企业安全文化建设评价准则》(AQ/T 9005—2008)对企业安全文化建设评价的指标有哪些？

企业安全文化建设评价的指标有基础特征、安全承诺、安全管理、安全环境、安全培训与学习、安全信息传播、安全行为激励、安全事务参与、决策层行为、管理层行为、员工层行为。

十四、企业安全文化建设评价的程序是什么？

建立评价组织机构与评价实施机构，制定评价工作实施方案，下达《评价通知书》，调研、收集与核实基础资料，数据统计分析，撰写评价报告，反馈企业征求意见，提交评价报告，进行评价工作总结。

第六章 化工过程安全管理

一、什么是化工过程安全管理?

化工过程伴随易燃易爆、有毒有害等物料和产品，涉及工艺、设备、仪表、电气等多个专业和复杂的公用工程系统。过程安全是指：防止危险化学品泄漏或能量的意外释放，以避免灾难性的事故，如着火、爆炸和大范围的人员中毒伤害。过程安全关注的是承载危险化学品生产、储存、使用、处置和转移等活动的装置和设施的安全。

过程安全管理就是运用风险管理和系统管理思想、方法建立管理体系，在对过程系统进行全面风险分析的基础上，主动地、前瞻性地管理和控制过程风险，预防事故发生。

加强化工过程安全管理，是国际先进的重大工业事故预防和控制方法，是企业及时消除安全隐患、预防事故、构建安全生产长效机制的重要基础性工作。在石油化工企业安全管理体系中，过程安全管理(PSM)是其中非常重要的一个部分。美国职业安全健康局(OSHA)、美国化学工程师协会化工过程安全中心(CCPS)、美国化学协会(ACC)和美国石油协会(API)、杜邦公司等组织和机构都推出了过程安全管理体系。比如 OSHA 的过程安全管理体系包含了 14 个基本要素，CCPS 的过程安全管理体系包含了 12 个要素，杜邦公司过程安全体系由 14 个要素构成。

二、开展化工过程安全管理遵循的主要基本规范有哪些?

我国关于过程安全管理的标准和要求有:

(1)《化工企业工艺安全管理实施导则》(AQ/T 3034—2010);

(2)《加强化工过程安全管理的指导意见》(安监总管三〔2013〕88号);

(3)《加强化工企业泄漏管理的指导意见》(安监总管三〔2014〕94号);

(4)《加强化工安全仪表系统管理的指导意见》(安监总管三〔2014〕116号);

(5)《加强精细化工反应安全风险评估工作的指导意见》(安监总管三〔2017〕1号)。

这些标准和文件是指导化工企业开展过程安全管理的指导性文件。

三、《化工企业工艺安全管理实施导则》(AQ/T 3034)中化工过程安全管理12个要素是什么?

过程安全管理PSM的12个要素:工艺安全信息、工艺危害分析、操作规程、培训、承包商管理、试生产前安全审查、机械完整性、作业许可、变更管理、应急管理、工艺事故/事件管理、符合性审核。

四、“工艺安全信息”要素包含的主要内容有哪些?

工艺安全信息文件应纳入企业文件控制系统予以管理,保持最新版本。工艺安全信息通常包含在技术手册、操作规程、培训材料或其他工艺文件中。工艺安全信息包括:

（1）化学品危害信息至少包括：a. 毒性；b. 允许暴露限值；c. 物理参数，如沸点、蒸气压、密度、溶解度、闪点、爆炸极限；d. 反应特性，如分解反应、聚合反应；e. 腐蚀性数据，腐蚀性以及材质的不相容性；f. 热稳定性和化学稳定性，如受热是否分解、暴露于空气中或被撞击时是否稳定；与其他物质混合时的不良后果，混合后是否发生反应；g. 对于泄漏化学品的处置方法。

（2）工艺技术信息至少包括：a. 工艺流程简图；b. 工艺化学原理资料；c. 设计的物料最大存储量；d. 安全操作范围（温度、压力、流量、液位或组分等等）；e. 偏离正常工况后果的评估，包括对员工的安全和健康的影响。

（3）工艺设备信息至少包括：a. 材质；b. 带控制点的管道仪表流程图（P&ID）；c. 电气设备危险等级区域划分图；d. 泄压系统设计和设计基础；e. 通风系统的设计图；f. 设计标准或规范；g. 物料和能量平衡图；h. 计量控制系统；i. 安全系统（如：联锁、监测或抑制系统）。

五、“工艺危害分析”要素包含的主要内容有哪些？

企业应建立程序，明确工艺危害分析过程、方法、人员以及分析的发现和改进建议。工艺危害分析最好是由一个小组来完成并应明确一名负责人，小组成员由具备工程和生产经验、掌握工艺系统相关知识以及工艺危害分析方法的人员组成。企业要确保这些建议可以及时得到解决，并且形成相关文件和记录。如：建议采纳情况、改进实施计划、工作方案、时间表、验收、告知相关人员等。

企业必须在工艺装置建设期间进行一次工艺危害分析，识别、评估和控制工艺系统相关的危害，所选择的方法要与工艺系统的复杂性相适应。企业应每三年对以前完成的工艺危害分析重新进行确认和更新，涉及剧毒化学品的工艺可结合法规对现役装置评价要求频次进行。

无论选用哪种方法，工艺危害分析都应涵盖以下内容：

(1) 工艺系统的危害；

(2) 对以往发生的可能导致严重后果的事件的审查；

(3) 控制危害的工程措施和管理措施，以及失效时的后果；

(4) 现场设施；

(5) 人为因素；

(6) 失控后可能对人员安全和健康造成影响的范围。

六、"操作规程"要素包含的主要内容有哪些?

企业应建立和实施书面的操作规程，提供明确的指导，规程应与工艺安全信息保持一致。企业应鼓励员工参与操作规程的编制，并组织进行相关培训。

操作规程应至少包括以下内容：

(1) 初始开车、正常操作、临时操作、应急操作、正常停车、紧急停车等各个操作阶段的操作步骤。

(2) 正常工况控制范围、偏离正常工况的后果；纠正或防止偏离正常工况的步骤。

(3) 安全、健康和环境相关的事项。如危险化学品的特性与危害、防止暴露的必要措施、发生身体接触或暴露后的处理措施、安全系统及其功能(联锁、监测和抑制系统)等。

企业应根据需要经常对操作规程进行审核，确保反映当前的操作状况，包括化学品、工艺技术设备和设施的变更。企业应每年确认操作规程的适应性和有效性。

企业应确保操作人员可以获得书面的操作规程。通过培训，帮助他们掌握如何正确使用操作规程，并且使他们意识到操作规程是强制性的。

企业应明确操作规程编写、审查、批准、分发、修改以及废止的程序和职责，确保使用最新版本的操作规程。

七、“培训”要素包含的主要内容有哪些？

企业应建立并实施工艺安全培训管理程序。根据岗位特点和应具备的技能，明确制订各个岗位的具体培训要求，编制落实相应的培训计划，并定期对培训计划进行审查和评估，确保员工了解工艺系统的危害，以及这些危害与员工所从事工作的关系，帮助员工采取正确的工作方式避免工艺安全事故。

培训管理程序应包含培训反馈评估方法和再培训规定。对培训内容、培训方式、培训人员、教师的表现以及培训效果进行评估，并作为改进和优化培训方案的依据；再培训至少每三年举办一次，根据需要可适当增加频次。当工艺技术、工艺设备发生变更时，需要按照变更管理程序的要求，就变更的内容和要求告知或培训操作人员及其他相关人员。

企业可通过与可能接触商业秘密的员工签订保密协议等形式，保证相关员工接触到必需的工艺安全信息和程序，又保护企业利益不受损失。

企业应保存好员工的培训记录。包括员工的姓名、培训时间和培训效果等都要以记录形式保存。

八、“承包商管理”要素包含的主要内容有哪些？

企业在选择承包商时，要获取并评估承包商目前和以往的安全表现和安全管理方面的信息。企业须告知承包商与他们作业过程有关的潜在的火灾、爆炸或有毒有害方面的信息，进行相关的培训，全过程控制风险；定期评估承包商表现；保存承包商在工作过程中的伤病记录。

承包商应确保其员工接受与工作有关的工艺安全培训；确保员工知道与他们作业有关的潜在的火灾、爆炸或有毒有害方面的信息和应急预案，确保了解设备安全手册，包括标准操作规程在内的安全作业规程。

承包商应保存上述培训记录，记录应该包括个人资料、培训时间、理解情况等。

九、“投产前安全审查”要素包含的主要内容有哪些?

试车前安全检查工作一般由一个有组织的小组来完成并应明确责任人，小组的成员和规模根据具体情况而定。

1. 准备工作(包括但不限于)

(1) 明确投产前安全检查的范围、日程安排;

(2) 编制或选择合适的安全检查清单;

(3) 组建投产前安全检查小组，明确职责。

检查小组应该具备如下知识和技能：熟悉相关的工艺过程；熟悉相关的政策、法规、标准；熟悉相关设备，能够分辨设备的设计与安装是否符合设计意图；熟悉工厂的生产和维修活动；熟悉企业/项目的风险控制目标。

2. 现场检查

检查小组根据检查清单对现场安装好的设备、管道、仪表及其他辅助设施进行目视检查，确认是否已经按设计要求完成了相关设备、仪表的安装和功能测试。

检查小组应确认工艺危害分析报告中的改进措施和安全保障措施是否已经按要求予以落实；员工培训、操作程序、维修程序、应急反应程序是否完成。

现场检查完成后，检查小组应编制试车前安全检查报告，记录检查清单中所有要求完成的检查项的状态。只有检查报告中所有要求“试车前必须完成检查项”完成后，装置才可以投产。

在装置投产后，项目经理/负责人还需要完成“试车后需要完成检查项”。只有所有的检查项都完成后，投产前安全检查工作才算真正结束。

在检查清单中所有的检查项都完成后，对投产前安全检查报告进行最后更新，得到最终版本，并予以保留。

十、“机械完整性”要素包含的主要内容有哪些？

企业应建立并实施机械完整性管理程序，确保工艺设备的制造、安装、操作和维护维修符合设计意图，并满足设计规格的要求。

1. 新设备的安装

企业应建立适当的程序确保设备的现场安装符合设备设计规格要求和制造商提出的安装指南，如防止材质误用、安装过程中的检验和测试。检验和测试应形成报告，并予以留存。压力容器、压力管道、特种设备等国家有强制的设计、制造、安装、登记要求的，必须满足法规要求，并保留相关证明文件和记录。

2. 预防性维修

企业应建立并实施预防性维修程序，对关键的工艺设备进行有计划的测试和检验。及早识别工艺设备存在的缺陷，并及时进行修复或替换，以防止小缺陷和故障演变成灾难性的物料泄漏，酿成严重的工艺安全事故。预防性维修包括但不限于：

（1）检验压力容器和储罐、校验安全阀，对换热器管程测厚或进行压力试验；

（2）清理阻火器、更换爆破片、更换泵的密封件；

（3）测试消防水系统、对可燃/有毒气体报警系统/紧急切断阀/报警和联锁进行功能测试；

（4）监测压缩机的振动状况、对电气设备进行测温分析等。

3. 设备报废和拆除

企业应建立设备报废和拆除程序，明确报废的标准和拆除的安全要求。

4. 机械完整性相关的培训

企业应安排参与设备管理、使用、维修、维护的相关人员接受培训，以了解开展维修作业所涉及的工艺的基本情况，包括存在的危害和维修过程中正确的应对措施；掌握作业程序，包括维修、维护程序和要求；熟悉与维修活动相关的其他安全作业程序，如动火程序、变更程序等。

十一、“作业许可”要素包含的主要内容有哪些？

企业应建立并保持程序，对可能给工艺活动带来风险的作业进行控制。对具有明显风险的作业实施作业许可管理，如用火、破土、开启工艺设备或管道、起重吊装、进入防爆区域等，明确工作程序和控制准则，并对作业过程进行监督。

企业应保留作业许可票证，以了解作业许可程序执行的情况，以便持续改进。

十二、“变更管理”要素包含的主要内容有哪些？

工艺变更管理是指对化学品、工艺技术、设备、程序以及操作过程等永久性或暂时性的变化进行有计划的控制，确保变更带来的潜在和可能的危害得到充分识别，风险得到有效控制。企业应建立变更管理程序，以确定变更的类型、等级、实施步骤等，确保人身、财产安全，不破坏环境，不损害企业的声誉。

变更前应考虑以下方面：

（1）变更的技术基础；

（2）变更对员工安全和健康的影响；

（3）是否修改操作规程；

（4）为变更选择正确的时间；

（5）为计划变更授权。

有可能受变更影响的企业和承包商的员工必须在开工前被告知变更或者得到相关培训。如果变更导致了工艺安全信息的变更，信息应相应地更新。

十三、“应急管理”要素包含的主要内容有哪些？

企业应建立应急响应系统，执行应急演练计划，并对员工进行培训，使其具备应对紧急情况的意识，并且能够及时采取正确的应对措施。应急演练计划应包括小规模危险化学品泄漏处理的程序。

企业需要建立一套整体应急预案，预案通常以书面文件的形式规定工厂该如何应对异常或紧急情况。对于规模较大、工艺较复杂的工厂，除整体应急预案外，还需要针对各种具体的假想事故情形制订具体的应对措施。

企业应建立应急反应小组，通常是由企业人员组成，也可包括外部人员；每个小组成员的职责应明确，确保成员对于责任和授权不存在疑问。

紧急情况发生时，相关的负责人可以根据应急反应手册，确定安全区域，并指挥人员撤离到安全的地方。

企业应给予一般员工和承包商员工基本的应急反应培训。培训内容应该有助于他们了解以下信息：

（1）工厂可能发生的紧急情况；

（2）如何报告所发生的紧急情况；

（3）工厂的平面位置、紧急撤离路线和紧急出口；

（4）安全警报及其应急响应的要求；

（5）紧急集合点的位置及清点人数的要求。

企业应定期培训应急反应小组的成员，使其获得和保持应对紧急情况和控制事故的知识及能力，并参与实际的演习。

企业需要根据实际情况决定，是否有必要针对可能发生的紧急情况与工厂附近的社区进行交流，或给予他们必要的培训。

十四、“事故/事件管理”要素包含的主要内容有哪些?

企业应制订工艺事故/事件调查和处理程序，通过事故/事件调查识别性质和原因，制定纠正和预防措施，防止类似事故的再次发生。重大事故报告永久保存，一般事故至少保存 5 年。除政府要求的报告外，企业应对事故报告保存的期限予以明确。

企业应规定如何跟踪、落实事故调查小组提出的改进措施。在实际执行改进措施的过程中，可能会发现因为客观条件的限制，某些最初提出的改进措施难以实际落实，或者有更好的方案可以采用，都需要有书面的说明和记录。

企业应制定未遂事故或事件管理程序，鼓励员工报告未遂事故/事件，组织对未遂事故/事件进行调查、分析，找出事件根源，预防事故发生。

十五、“符合性审核”要素包含的主要内容有哪些?

企业应建立并实施工艺安全符合性审核程序，至少每三年进行一次工艺安全的符合性审查，以确保工艺安全管理的有效性。

审核组中至少包括一名工艺方面的专家。如果只是对个别工艺安全系统管理要素进行审核，也可以由一名审核人员完成。审核组成员应接受过相关培训、掌握审核方法，并具有相关经验和良好的沟通能力。

审核过程要形成文件，发现的工艺管理系统及其执行过程中存在的差距，应予以记录，并提出和落实改进措施。现场审核完成后，审核组需要编制工艺审核报告，提出需要改进的方面。最近两次的审核报告应存档。

第七章

风险分级管控和隐患排查治理

一、什么是双重预防机制？建立双重预防机制的目的是什么？

企业的风险分级管控与隐患排查治理体系被称之为双重预防机制。

建立风险分级管控与隐患排查治理体系，是“基于风险”的过程安全管理理念的具体实践，是实现事故“纵深防御”和“关口前移”的有效手段。是企业落实安全生产主体责任的核心内容，是企业主要负责人的主要安全生产职责要求之一。

二、关于双重预防机制的要求有哪些？

1. 国务院安委会办公室关于印发《标本兼治遏制重特大事故工作指南的通知》(安委办〔2016〕3号)

坚持标本兼治、综合治理，把安全风险管控挺在隐患前面，把隐患排查治理挺在事故前面，扎实构建事故应急救援最后一道防线。构建形成点、线、面有机结合、无缝对接的安全风险分级管控和隐患排查治理双重预防性工作体系.

2. 国务院安委会办公室关于《实施遏制重特大事故工作指南构建双重预防机制的意见》(安委办〔2016〕11号)

(1) 尽快建立健全安全风险分级管控和隐患排查治理的工作制度和规范，实现企业安全风险自辨自控、隐患自查自治，形成政府领导有力、部门监管有效、企业责任落实、社会参与有序的工作格局，提升安全生产整体预控能力，夯实遏制重特大事故的坚强基础。

(2) 建立实行安全风险分级管控机制。按照“分区域、分级别、网格化”原则，实施安全风险差异化动态管理，明确落实每一处重大安全风险和重大危险源的安全管理与监管责任，强化风险管控技术、制度、管理措施，把可能导致的后果限制在可防、可控范围之内。健全安全风险公告警示和重大安全风险预警机制，定期对红色、橙色安全风险进行分析、评估、预警。落实企业安全风险分级管控岗位责任，建立企业安全风险公告、岗位安全风险确认和安全操作“明白卡”制度。

(3) 各类企业按照有关制度和规范，针对本企业类型和特点，制定科学的安全风险辨识程序和方法，全面开展安全风险辨识。企业要组织专家和全体员工，采取安全绩效奖惩等有效措施，全方位、全过程辨识生产工艺、设备设施、作业环境、人员行为和管理体系等方面存在的安全风险，做到系统、全面、无遗漏，并持续更新完善。

(4) 风险辨识。企业要对辨识出的安全风险进行分类梳理，参照《企业职工伤亡事故分类》(GB 6441—1986)，综合考虑起因物、引起事故的诱导性原因、致害物、伤害方式等，确定安全风险类别。对不同类别的安全风险，采用相应的风险评估方法确定安全风险等级。安全风险评估过程要突出遏制重特大事故，高度关注暴露人群，聚焦重大危险源、劳动密集型场所、高危作业工序和受影响的人群规模。安全风险等级从高到低划分为巨大风险、重大风险、较大风险、一般风险和低风险，分别用红、橙、黄、蓝四种颜色标示。其中，重大安全风险应填写清单、汇总造册，按照职责范围报告属地负有安全生产监督管理职责的部门。要依据安全风险类别和等级建立企业安全风险数据库，绘制企业“红橙黄蓝”四色安全风险空间分布图。

(5) 有效管控。企业要根据风险评估的结果，针对安全风险特点，从组织、制度、技术、应急等方面对安全风险进行有效管控。要通过隔离危险源、采取技术手段、实施个体防护、设置监控设施等措施，达到回避、降低和监测风险的目的。要对安全风险分级、分层、分类、分专业进行管理，逐一落实企业、车间、班组和岗位的管控责任，尤其要强化对重大危险源和存在重大安全风险的生产经营系统、生产区域、岗位的重点管控。企业要高度关注运营状况和危险源变化后的风险状况，动态评估、调整风险等级和管控措施，确保安全风险始终处于受控范围内。

（6）建立完善隐患排查治理体系。风险管控措施失效或弱化极易形成隐患，酿成事故。企业要建立完善隐患排查治理制度，制定符合企业实际的隐患排查治理清单，明确和细化隐患排查的事项、内容和频次，并将责任逐一分解落实，推动全员参与自主排查隐患，尤其要强化对存在重大风险的场所、环节、部位的隐患排查。

3.《中共中央国务院关于推进安全生产领域改革发展的意见》

坚持源头防范，严格安全生产市场准入。经济社会发展要以安全为前提，把安全生产贯穿城乡规划布局、设计、建设、管理和企业生产经营活动全过程。构建风险分级管控和隐患排查治理双重预防工作机制，严防风险演变、隐患升级导致生产安全事故发生。

4. 国家安全监管总局《关于印发遏制危险化学品和烟花爆竹重特大事故工作意见的通知》（安监总管三〔2016〕62 号）

深入分析总结事故规律，准确把握风险、隐患与事故的内在联系，深刻认识事故是由隐患发展积累导致的，隐患的根源在于风险，风险得不到有效管控就会演变成隐患从而导致事故发生。因此，要把防范事故关口前移，全面排查安全风险，强化风险管控。

不断完善排查风险和隐患的方式方法与体制机制，通过网格化排查，做到全覆盖、无死角、无遗漏。

5. 国家安全监管总局办公厅《关于开展危险化学品重大危险源在线监控及事故预警系统建设试点工作的通知》（安监总厅管三〔2016〕110 号）

在全面排查、摸清底数的基础上，按照《标本兼治遏制重特大事故工作指南》要求，绘制省、市、县三级以及企业的危险化学品和烟花爆竹重大危险源分布电子图、安全风险等级分布电子图，建立安全风险和事故隐患数据库。

国家安全监管总局开发完成功能统一、标准一致的在线监控及事故预警系统有关软件系统。建立层次分明、责任清晰的在线监控及事故预警系统技术体系，并切实发挥应有作用。

三、风险、隐患、危险源、风险管理、隐患排查治理的概念是什么?

(1) 风险

某一特定危险情况发生的可能性与后果的组合。

$$风险(R) = 可能性(L) \times 后果(C)$$

可能性是指导致事故发生的概率；严重性是指事故发生后能够给企业带来多大的人员伤亡或财产损失。

(2) 危险源

是指可能导致人身伤害和(或)健康损害和(或)财产损失的根源、状态或行为，或它们的组合。

(3) 隐患

是指伴随着现实风险，发生事故的概率较大的危险源。隐患一般包括人(人的不安全行为)、物(物的不安全状态)、环(作业环境的不安全因素)、管(安全管理缺陷)4 个方面。

(4) 风险管理

是指开展危险源辨识、风险评价以及采取风险控制措施策划与实施的全过程。风险管理是企业安全管理的核心。

(5) 隐患排查治理

通过制定事故隐患分类规定、确定事故隐患排查方法和事故隐患风险评价标准，并对不同风险等级的事故隐患采取不同的治理措施，即为隐患排查治理。隐患排查治理措施一般包括法制措施、管理措施、技术措施、应急措施四个层次。

四、风险识别的范围有哪些?

(1) 规划、设计和建设、投产、运行等阶段;
(2) 常规和异常活动;
(3) 事故及潜在的紧急情况;
(4) 所有进入作业场所的人员的活动;
(5) 原材料、产品的运输和使用过程;
(6) 作业场所的设施、设备、车辆、安全防护用品;
(7) 人为因素,包括违反安全操作规程和安全生产规章制度;
(8) 丢弃、废弃、拆除与处置;
(9) 气候、地震及其他自然灾害等。
(10) 变更(人员、管理、工艺、过程、技术、设施等永久性或暂时性的变化)。

五、如何进行风险识别?

在进行风险识别时,应依据《生产过程危险和有害因素分类与代码》(GB/T 13861)的规定,对潜在的人的因素、物的因素、环境因素、管理因素等危害因素进行辨识,充分考虑危害的根源和性质。如:造成火灾和爆炸的因素;造成冲击和撞击、物体打击、高处坠落、机械伤害的原因;造成中毒、窒息、触电及辐射的因素;工作环境的化学性危害因素和物理性危害因素;人机工程因素;设备腐蚀、焊接缺陷等;导致有毒有害物料、气体泄漏的原因等。

六、根据《生产过程危险和有害因素分类与代码》(GB/T 13861—2009)危险源分为哪四类?

根据《生产过程危险和有害因素分类与代码》(GB/T 13861—

2009)，危险源可分为以下四类：

人的因素(23 项)、物的因素(87 项)、管理的因素(45 项)、环境的因素(10 项)。

1. 人的因素

(1)心理、生理性危险和有害因素：负荷超限、健康状况异常、从事禁忌作业、心理异常、辨识功能缺陷、其他心理、生理性危险和有害因素。

(2)行为性危险和有害因素：指挥错误、操作错误、监护失误、其他行为性危险和有害因素。

2. 物的因素

(1)物理性危险和有害因素：设备、设施、工具、附件缺陷；防护缺陷、电伤害、噪声、振动危害、电离辐射、非电离辐射、运动物伤害、明火、高温物体、低温物体、信号缺陷、标志缺陷、有害光照。

(2)化学性危险和有害因素：爆炸品、压缩气体和液化气体、易燃液体、易燃固体、自然物品和遇湿易燃物品、氧化剂和有机过氧化物、有毒品、放射性物品、腐蚀品、粉尘与气溶胶、其他化学性危险和有害因素。

(3)生物性危险和有害因素：致病微生物、细菌、病毒、真菌、其他致病微生物、传染病媒介物、致害动物、致害植物、其他生物性危险和有害因素。

3. 环境因素

室内作业环境不良、室外作业环境不良(恶劣天气条件、地面湿滑等)、地下(含水下)作业环境不良、其他作业环境不良(如强迫性体位等)。

4. 管理的因素

组织机构不健全、责任制未落实、管理规章制度不完善、安全卫生投入不足、其他管理因素缺陷等。

七、常用的风险分析方法有哪些？

企业可选择采取下列方法的一种或几种，来分析和评价风险：

（1）工作危害分析 JHA；

（2）安全检查表 SCL；

（3）如果……怎么样？（What…if）；

（4）预先危险分析（PHA）；

（5）危险及可操作性研究（HAZOP）；

（6）故障类型及影响分析（FMEA）；

（7）事故树分析（FTA）；

（8）事件树分析（ETA）；

（9）作业条件危险性分析（LEC）。

八、工作危害分析法（JHA）

工作危害分析的主要目的是防止从事某项作业活动的人员、设备和其他系统受到影响或损害。该方法包括作业活动划分、选定、危害因素识别、风险评估、判定风险等级、制定控制措施等内容。

1. 划分作业活动

可以按生产流程的阶段、地理区域、装置、作业任务、生产阶段/服务阶段或部门划分，也可结合起来进行划分。如：

① 日常操作。工艺操作、设备设施操作、现场巡检。

② 异常情况处理。停水、停电、停气（汽）、停风、停止进料的处理，设备故障处理。

③ 开停车。开车、停车及交付前的安全条件确认。

④ 作业活动。动火、受限空间、高处、临时用电、动土、断路、吊装、盲板抽堵等特殊作业；采样分析、检尺、测温、设备检测（测厚、动态监测）、脱水排凝、人工加料（剂）、汽车装卸车、成型包装、

库房叉车转运、加热炉点火、机泵机组盘车、铁路槽车洗车、输煤机检查、清胶清聚合物、清罐内污油等危险作业;场地清理及绿化保洁、设备管线外保温防腐、机泵机组维修、仪表仪器维修、设备管线开启等其他作业。

⑤ 管理活动。变更管理、现场监督检查、应急演练等。

2. 作业危害分析的主要步骤

① 将作业活动分解为若干个相连的工作步骤;

② 辨识每一步骤的潜在危害填入《工作危害分析(JHA)评价表》;

③ 识别现有安全控制措施,可以从工程控制、管理措施和个体防护各方面考虑。

④ 对危害因素产生的主要后果分析;

⑤ 根据评价准则进行风险评估,确定风险等级,判断是否为可容许风险。

九、安全检查表分析法(SCL)

安全检查表分析法的目的是针对拟分析的对象列出一些项目,识别出一般工艺设备和操作有关的已知类型的危险、有害因素、设计缺陷以及事故隐患,查出各层次的不安全因素,确定检查项目;以提问的方式把检查项目按系统的组成顺序编制成表,进行检查或评审。

(1) 安全检查表编制的依据

① 有关标准、规程、规范及规定;

② 国内外事故案例和企业以往的事故情况;

③ 系统分析确定的危险部位及防范措施;

④ 分析人员的经验和可靠的参考资料;

⑤ 有关研究成果,同行业或类似行业检查表等。

(2) 安全检查表编制分析要求

① 既要分析设备设施表面看得见的危害,又要分析设备设施内部

隐藏的内部构件和工艺的危害。

② 对设备设施进行危害识别时，应遵循一定的顺序。先识别厂址，考虑地形、地貌、地质、周围环境、安全距离方面的危害，再识别厂区内平面布局、功能分区、危险设施布置、安全距离等方面的危害，再识别具体的建构筑物等。对于一个具体的设备设施，可以按照系统一个一个的检查，或按照部位顺序，从上到下、从左到右或从前到后都可以。

③ 分析对象是设备设施、作业场所和工艺流程等，检查项目是静态的物，而非活动。所列检查项目不应有人的活动，即不应有动作。

④ 检查项目列出后，还要列出与之对应的标准。标准可以是法律法规的规定，也可以是行业规范、标准、本企业的有关操作规程、工艺规程或工艺卡片的规定。检查项目应该全面，检查内容应该细致，达不到标准就是一种潜在危害。

⑤ 控制措施不仅要列出报警、消防检查检验等耳熟能详的控制措施，还应列出工艺设备本身带有的控制措施，如联锁、安全阀、液位指示、压力指示等。

（3）安全检查表分析步骤

① 列出设备设施清单。

② 确定编制人员。包括熟悉系统的各方面人员，如工段长、技术员、设备员、安全员等。

③ 熟悉系统。包括系统的结构、功能、工艺流程、操作条件、布置和已有的安全卫生设施。

④ 收集资料。收集有关安全法律、法规、规程、标准、制度及本系统过去发生的事故资料，作为编制安全检查表的依据。

⑤ 判别危害因素。按功能或结构将系统划分为子系统或单元，逐个分析潜在的危险因素。

⑥ 列出安全检查分析评价表。针对危险因素和有关规章制度、以往的事故教训以及本单位的检验，确定安全检查表的要点和内容，填入《安全检查分析(SCL)评价表》。

十、风险判定分级方法是什么？

企业在选择适当的危害因素辨识方法完成辨识后，应制定适合本单位的风险评估准则，以便于准确地进行风险评估。在进行风险评估时，应从人、财产和环境三个方面的可能性和严重程度的影响考虑。

应依据以下内容制定风险分级判定准则：有关安全生产法律、法规；设计规范、技术标准；安全管理标准、技术标准；安全生产方针和目标等。

十一、风险分级管控的要求是什么？

企业要根据风险评价的结果，针对安全风险特点，从组织、制度、技术、应急等方面对安全风险进行有效管控。要通过隔离危险源、采取技术手段、实施个体防护、设置监控设施等措施，达到规避、降低和监测风险的目的。要对安全风险分级、分层、分类、分专业进行管理，逐一落实企业、车间、班组和岗位的管控责任，尤其要强化对重大危险源和存在重大安全风险的生产经营系统、生产区域、岗位的重点管控。企业要高度关注运营状况和危险源变化后的风险状况，动态评估、调整风险等级和管控措施，确保安全风险始终处于受控范围内。

1. 划分风险分级管控原则

风险分级管控应遵循风险越高管控层级越高的原则，对于操作难度大、技术含量高、风险等级高、可能导致严重后果的作业活动应重点进行管控。上一级负责管控的风险，下一级必须同时负责管控，并逐级落实具体措施。风险管控层级可进行增加或合并，企业应根据风险分级管控的基本原则，结合本单位机构设置情况，合理确定各级风险的管控层级。

2. 制定风险管控等级及控制措施

风险等级		应采取的行动/控制措施	实施期限	管控级别
1级	重大风险(红色)	在采取措施降低危害前，不能继续作业，对改进措施进行评估	立刻	公司(厂)级
2级	较大风险(橙色)	采取紧急措施降低风险，建立运行控制程序，定期检查、测量及评估	立即或近期整改	车间级
3级	一般风险(黄色)	可考虑建立目标、建立操作规程，加强培训及沟通	2年内治理	班组级
4级	低风险(蓝色)	可考虑建立操作规程、作业指导书但需定期检查，暂时无需采用控制措施	有条件、有经费时治理	岗位级

3. 风险控制措施

对不同级别的风险都要结合实际采取多种措施进行控制，并逐步降低风险，直至可以接受。

风险控制措施包括：工程技术措施、管理措施、教育措施、个体防护措施。

十二、安全风险公告警示的内容有哪些？

企业应建立完善《安全风险公告制度》，并加强风险教育和技能培训，确保管理层和每名员工都掌握安全风险的基本情况及防范、应急措施。要在醒目位置和重点区域分别设置安全风险公告栏，制作岗位安全风险告知卡，标明主要安全风险、可能引发事故隐患类别、事故后果、管控措施、应急措施及报告方式等内容。对存在重大安全风险的工作场所和岗位，要设置明显警示标志，并强化危险源监测和预警。

当下列情形发生时，应及时进行危害因素辨识和风险评价分析，并及时更新风险信息：

(1) 新的法律法规发布或者法律法规发生变更；

(2) 操作工艺发生变化；

(3) 新建、改建、扩建、技改项目；

(4) 事故事件发生后；

(5) 组织机构发生大的调整。

十三、建立隐患排查治理体系的要求是什么？

风险管控措施失效或弱化极易形成隐患，酿成事故。企业要建立完善《隐患排查治理制度》，制定符合企业实际的隐患排查治理清单，明确和细化隐患排查的事项、内容和频次，并将责任逐一分解落实，推动全员参与自主排查隐患，尤其要强化对存在重大风险的场所、环节、部位的隐患排查。要通过与政府部门互联互通的隐患排查治理信息系统，全过程记录报告隐患排查治理情况。对于排查发现的重大事故隐患，应当在向负有安全生产监督管理职责的部门报告的同时，制定并实施严格的隐患治理方案，做到责任、措施、资金、时限和预案“五落实”，实现隐患排查治理的闭环管理。

十四、如何进行隐患分级？隐患分为几类？

1. 隐患分级

根据隐患整改、治理和排除的难度及其可能导致事故后果和影响范围，分为一般事故隐患和重大事故隐患。

(1) 一般事故隐患

危害和整改难度较小，发现后能够立即整改排除的隐患。

（2）重大事故隐患

危害和整改难度较大，无法立即整改排除，需要全部或者局部停产停业并经过一定时间整改治理方能排除的隐患，或者因外部因素影响致使生产经营单位自身难以排除的隐患。

2. 隐患分类

事故隐患分为基础管理类隐患和生产现场类隐患。

（1）生产现场类隐患

生产现场类隐患包括以下方面存在的问题或缺陷：

① 设备设施；

② 场所环境；

③ 从业人员操作行为；

④ 消防及应急设施；

⑤ 供配电设施；

⑥ 职业卫生防护设施；

⑦ 辅助动力系统；

⑧ 现场其他方面。

（2）基础管理类隐患

基础管理类隐患包括以下方面存在的问题或缺陷：

① 生产经营单位资质证照；

② 安全生产管理机构及人员；

③ 安全生产责任制；

④ 安全生产管理制度；

⑤ 教育培训；

⑥ 安全生产管理档案；

⑦ 安全生产投入；

⑧ 应急管理；

⑨ 职业卫生基础管理；

⑩ 相关方安全管理；

⑪ 基础管理其他方面。

十五、如何建立隐患排查治理体系?

1. 编制生产现场类隐患排查清单

企业应依据确定的各类风险的全部控制措施和基础安全管理要求，编制包含全部应该排查的项目清单。隐患排查项目清单包括生产现场类隐患排查清单和基础管理类隐患排查清单。

应以各类风险点为基本单元，依据风险分级管控体系中各风险点的控制措施和标准、规程要求，编制该排查单元的排查清单。至少应包括：

① 与风险点对应的设备设施和作业名称；

② 排查内容；

③ 排查标准；

④ 排查方法。

2. 组织实施

(1) 排查类型

排查类型主要包括日常隐患排查、综合性隐患排查、专业性隐患排查、专项或季节性隐患排查、专家诊断性检查和企业各级负责人履职检查等。

(2) 排查要求

隐患排查应做到全面覆盖、责任到人，定期排查与日常管理相结合，专业排查与综合排查相结合，一般排查与重点排查相结合。

(3) 组织级别

企业应根据自身组织架构确定不同的排查组织级别和频次。排查组织级别一般包括公司级、部门级、车间级、班组级。

3. 隐患治理要求

隐患治理实行分级治理、分类实施的原则。主要包括岗位纠正、班组治理、车间治理、部门治理、公司治理等。

隐患治理应做到方法科学、资金到位、治理及时有效、责任到人、按时完成。能立即整改的隐患必须立即整改，无法立即整改的隐患，治理前要研究制定防范措施，落实监控责任，防止隐患发展为事故。

按照隐患排查治理要求，企业各相关层级的部门和单位对照隐患排查清单进行隐患排查，填写隐患排查记录。

根据排查出的隐患类别，提出治理建议，一般应包含：

① 针对排查出的每项隐患，明确治理责任单位和主要责任人；

② 经排查评估后，提出初步整改或处置建议；

③ 考虑依据隐患治理难易程度或严重程度，确定隐患治理期限。

4. 隐患治理流程

事故隐患治理流程包括通报隐患信息、下发隐患整改通知、实施隐患治理、治理情况反馈、验收等环节。

隐患排查结束后，将隐患名称、存在位置、不符合状况、隐患等级、治理期限及治理措施要求等信息向从业人员进行通报。隐患排查组织部门应制发隐患整改通知书，应对隐患整改责任单位、措施建议、完成期限等提出要求。隐患存在单位在实施隐患治理前应当对隐患存在的原因进行分析，并制定可靠的治理措施。隐患整改通知制发部门应当对隐患整改效果组织验收。

(1) 一般隐患治理

对于一般事故隐患，根据隐患治理的分级，由企业各级(公司、车间、部门、班组等)负责人或者有关人员负责组织整改，整改情况要安排专人进行确认。

(2) 重大隐患治理

经判定或评估属于重大事故隐患的，企业应当及时组织评估，并编制事故隐患评估报告书。评估报告书应当包括事故隐患的类别、影响范围和风险程度以及对事故隐患的监控措施、治理方式、治理期限的建议等内容。

企业应根据评估报告书制定重大事故隐患治理方案。治理方案应当包括下列主要内容：

① 治理的目标和任务；

② 采取的方法和措施；

③ 经费和物资的落实；

④ 负责治理的机构和人员；

⑤ 治理的时限和要求；

⑥ 防止整改期间发生事故的安全措施。

5. 隐患治理验收

隐患治理完成后，应根据隐患级别组织相关人员对治理情况进行验收，实现闭环管理。重大隐患治理工作结束后，企业应当组织对治理情况进行复查评估。对政府督办的重大隐患，按有关规定执行。

6. 持续改进

(1) 评审

企业应适时和定期对隐患排查治理体系运行情况进行评审，以确保其持续适宜性、充分性和有效性。评审应包括体系改进的可能性和对体系进行修改的需求。评审每年应不少于一次，当发生更新时应及时组织评审。应保存评审记录。

(2) 更新

企业应主动根据以下情况对隐患排查治理体系的影响，及时更新隐患排查治理的范围、隐患等级和类别、隐患信息等内容，主要包括：

① 法律法规及标准规程变化或更新；

② 政府规范性文件提出新要求；

③ 企业组织机构及安全管理机制发生变化；

④ 企业生产工艺发生变化、设备设施增减、使用原辅材料变化等；

⑤ 企业自身提出更高要求；

⑥ 事故事件、紧急情况或应急预案演练结果反馈的需求；

⑦ 其他情形出现应当进行评审。

第八章

危险化学品和重大危险源

一、什么是危险化学品?

危险化学品，是指具有毒害、腐蚀、爆炸、燃烧、助燃等性质，对人体、设施、环境具有危害的剧毒化学品和其他化学品。

危险化学品目录，由国务院安全生产监督管理部门会同国务院工业和信息化、公安、环境保护、卫生、质量监督检验检疫、交通运输、铁路、民用航空、农业主管部门，根据化学品危险特性的鉴别和分类标准确定、公布，并适时调整。

二、化学品主要有哪三方面的危害?

根据《全球化学品统一分类和标签制度》(GHS)，化学品的危害大致分为3大类:

(1) 物理危害(如，易燃液体、氧化性固体等，主要表现为火灾和爆炸的危害。)

(2) 健康危害(如，急性毒性，皮肤腐蚀/刺激，主要表现在急性和慢性中毒的症状)

(3) 环境危害(如，水生毒性，主要表现为大气、水和土壤的污染)

企业所涉及的具体的危险化学品的危险性和防护措施，都可以从相关的化学品安全技术说明书和安全标签查到。并应该在醒目位置竖起警示牌予以公示。

相关标准为:《化学品安全技术说明书编写指南》(GB/T 17519—2013)、《化学品分类和标签规范》(GB 30000. 2~30000. 29—2013)。

三、危险化学品主要风险防控原则是什么?

(1) 危险化学品操作控制

控制工业场所中有害化学品的总目标是消除化学品危害或者尽可能降低其危害程度,以免危害工人,污染环境,引起火灾和爆炸。

事实上,工作场所中存在的危害,可用多种不同的方法来控制,选择何种控制方法取决于有关危害的性质及导致危害的工艺过程。工作场所某种加工程序可能会产生不止一种危害,因此最好的控制方法通常是针对加工程序而设计的方法。

(2) 个体防护

个体防护用品是指劳动者在生产过程中为免遭或减轻事故伤害和职业危害的个人随身穿(佩)戴的用品,简称劳动防护用品。

使用个体防护用品,通过采取阻隔、封闭、吸收、分散、悬浮等手段,能起到保护人体的局部或全身免受外来侵害的作用。防护用品必须严格保证质量,安全可靠,而且穿戴要舒适方便,经济耐用。

(3) 管理控制

管理控制是指通过管理手段按照国家法律和标准建立起来的管理制度和措施,是预防作业场所中化学品危害的一个重要方面。如对作业场所进行危害识别、张贴标志;在化学品包装上粘贴安全标签;化学品运输、经营过程中附化学产品安全技术说明书、安全储存、安全传送、安全处理与使用、废物处理;从业人员的安全培训和资质认定;采取接触监测、医学监督等措施均可到达管理控制的目的。

四、危险化学品中毒、污染事故预防控制措施有哪些？

采取的主要措施是替代、变更工艺、隔离与屏蔽、通风、个体防护和保持清洁卫生。

（1）替代。控制、预防化学品危害最理想的方法是不使用有毒有害和易燃、易爆的化学品，但这很难做到，通常的做法是选用无毒或低毒的化学品替代已有的有毒有害化学品。例如，用甲苯替代喷漆和涂漆中用的苯，用脂肪烃替代胶水或黏合剂中的芳烃等。

（2）变更工艺。虽然替代是控制化学品危害的首选方案，但是目前可供选择的替代品往往是很有限的，特别是因技术和经济方面的原因，不可避免地要生产、使用有害化学品。这时可通过变更工艺消除或降低化学品危害，如以往用乙炔制乙醛，采用汞做催化剂，现在发展为用乙烯为原料，通过氧化或氧氯化制乙醛，不需用汞做催化剂。通过变更工艺，彻底消除了汞的危害。

（3）隔离与屏蔽。屏蔽就是通过封闭、设置屏障等措施，避免作业人员直接暴露于有害环境中。最常用的屏蔽方法是将生产或使用的设备完全封闭起来，使工人在操作中不接触化学品。隔离操作是另一种常用的方法，简单地说，就是把生产设备与操作室隔离开。最简单的形式就是把生产设备的管线阀门、电控开头放在与生产地点完全隔离的操作室内。

（4）通风。通风是控制作业场所中有害气体、蒸气或粉尘最有效的措施之一。借助于有效的通风，使作业场所空气中有害气体、蒸气或粉尘的浓度低于规定浓度，保证工人的身体健康，防止火灾、爆炸事故的发生。通风分局部排风和全面通风两种。

（5）个体防护。当作业场所中有害化学品的浓度超标时，工人就必须使用合适的个体防护用品。个体防护用品不能降低作业场所有害化学品的浓度，它仅仅是一道阻止有害物进入人体的屏障。防护用品本身的失效就意味着保护屏障的消失，因此个体防护不能被视为控制危害的主要手段，而只能作为一种辅助性措施。防护用品主要有头部防护器具、呼吸防护器具、眼防护器具、躯干防护用品、手足防护用品等。

(6) 保持清洁卫生。保持卫生包括保持作业场所清洁和作业人员的个人卫生两个方面。经常清洗作业场所，对废弃物、溢出物加以适当处置，保持作业场清洁，也能有效地预防和控制化学品危害。作业人员应养成良好的卫生习惯，防止有害物附着在皮肤上，通过皮肤渗入体内。

五、列入国家重点监管的化学品有哪些?

重点监管的危险化学品是指列入重点监管的危险化学品名录(见表1、表2)的危险化学品以及在温度20℃和标准大气压101.3kPa条件下属于以下类别的危险化学品:

(1) 易燃气体类别1(爆炸下限≤13%或爆炸极限范围≥12%的气体);

(2) 易燃液体类别1(闭杯闪点<23℃并初沸点≤35℃的液体);

(3) 自燃液体类别1(与空气接触不到5min便燃烧的液体);

(4) 自燃固体类别1(与空气接触不到5min便燃烧的固体);

(5) 遇水放出易燃气体的物质类别1(在环境温度下与水剧烈反应所产生的气体通常显示自燃的倾向，或释放易燃气体的速度等于或大于每千克物质在任何1min内释放10L的任何物质或混合物);

(6) 三光气等光气类化学品。

表1　首批重点监管的危险化学品名录

序号	化学品名称	别名	CAS号
1	氯	液氯、氯气	7782-50-5
2	氨	液氨、氨气	7664-41-7
3	液化石油气		68476-85-7
4	硫化氢		7783-06-4

续表

序号	化学品名称	别名	CAS 号
5	甲烷、天然气		74-82-8(甲烷)
6	原油		
7	汽油(含甲醇汽油、乙醇汽油)、石脑油		8006-61-9(汽油)
8	氢	氢气	1333-74-0
9	苯(含粗苯)		71-43-2
10	碳酰氯	光气	75-44-5
11	二氧化硫		7446-09-5
12	一氧化碳		630-08-0
13	甲醇	木醇、木精	67-56-1
14	丙烯腈	氰基乙烯、乙烯基氰	107-13-1
15	环氧乙烷	氧化乙烯	75-21-8
16	乙炔	电石气	74-86-2
17	氟化氢、氢氟酸		7664-39-3
18	氯乙烯		75-01-4
19	甲苯	甲基苯、苯基甲烷	108-88-3
20	氰化氢、氢氰酸		74-90-8
21	乙烯		74-85-1
22	三氯化磷		7719-12-2
23	硝基苯		98-95-3
24	苯乙烯		100-42-5
25	环氧丙烷		75-56-9
26	一氯甲烷		74-87-3
27	1,3-丁二烯		106-99-0
28	硫酸二甲酯		77-78-1
29	氰化钠		143-33-9
30	1-丙烯、丙烯		115-07-1
31	苯胺		62-53-3
32	甲醚		115-10-6
33	丙烯醛、2-丙烯醛		107-02-8

续表

序号	化学品名称	别名	CAS 号
34	氯苯		108-90-7
35	乙酸乙烯酯		108-05-4
36	二甲胺		124-40-3
37	苯酚	石炭酸	108-95-2
38	四氯化钛		7550-45-0
39	甲苯二异氰酸酯	TDI	584-84-9
40	过氧乙酸	过乙酸、过醋酸	79-21-0
41	六氯环戊二烯		77-47-4
42	二硫化碳		75-15-0
43	乙烷		74-84-0
44	环氧氯丙烷	3-氯-1，2-环氧丙烷	106-89-8
45	丙酮氰醇	2-甲基-2-羟基丙腈	75-86-5
46	磷化氢	膦	7803-51-2
47	氯甲基甲醚		107-30-2
48	三氟化硼		7637-07-2
49	烯丙胺	3-氨基丙烯	107-11-9
50	异氰酸甲酯	甲基异氰酸酯	624-83-9
51	甲基叔丁基醚		1634-04-4
52	乙酸乙酯		141-78-6
53	丙烯酸		79-10-7
54	硝酸铵		6484-52-2
55	三氧化硫	硫酸酐	7446-11-9
56	三氯甲烷	氯仿	67-66-3
57	甲基肼		60-34-4
58	一甲胺		74-89-5
59	乙醛		75-07-0
60	氯甲酸三氯甲酯	双光气	503-38-8

表 2　第二批重点监管的危险化学品名录

序号	化学品品名	CAS 号
1	氯酸钠	7775-9-9
2	氯酸钾	3811-4-9
3	过氧化甲乙酮	1338-23-4
4	过氧化(二)苯甲酰	94-36-0
5	硝化纤维素	9004-70-0
6	硝酸胍	506-93-4
7	高氯酸铵	7790-98-9
8	过氧化苯甲酸叔丁酯	614-45-9
9	*N*，*N*′-二亚硝基五亚甲基四胺	101-25-7
10	硝基胍	556-88-7
11	2,2′-偶氮二异丁腈	78-67-1
12	2,2′-偶氮-二-（2,4-二甲基戊腈）(即偶氮二异庚腈)	4419-11-8
13	硝化甘油	55-63-0
14	乙醚	60-29-7

六、涉及重点监管危险化学品企业的管控要求包括哪些？

涉及重点监管的危险化学品的生产、储存装置，原则上须由具有甲级资质的化工行业设计单位进行设计。

生产、储存重点监管的危险化学品的企业，应根据本企业工艺特点，装备功能完善的自动化控制系统，严格工艺、设备管理。对使用重点监管的危险化学品数量构成重大危险源的企业的生产储存装置，应装备自动化控制系统，实现对温度、压力、液位等重要参数的实时监测。

生产重点监管的危险化学品的企业，应针对产品特性，按照有关规定编制完善的、可操作性强的危险化学品事故应急预案，配备必要的应急救援器材、设备，加强应急演练，提高应急处置能力。

七、我国重点监管的危险化工工艺有哪些?

(一) 首批重点监管的危险化工工艺目录:

(1) 光气及光气化工艺;

(2) 电解工艺(氯碱);

(3) 氯化工艺;

(4) 硝化工艺;

(5) 合成氨工艺;

(6) 裂解(裂化)工艺;

(7) 氟化工艺;

(8) 加氢工艺;

(9) 重氮化工艺;

(10) 氧化工艺;

(11) 过氧化工艺;

(12) 胺基化工艺;

(13) 磺化工艺;

(14) 聚合工艺;

(15) 烷基化工艺。

(二) 第二批重点监管的危险化工工艺目录

(1) 新型煤化工工艺:煤制油(甲醇制汽油、费-托合成油)、煤制烯烃(甲醇制烯烃)、煤制二甲醚、煤制乙二醇(合成气制乙二醇)、煤制甲烷气(煤气甲烷化)、煤制甲醇、甲醇制醋酸等工艺。

(2) 电石生产工艺。

(3) 偶氮化工艺。

八、涉及重点监管危险化工工艺的企业安全管控要求是什么？

化工企业要按照《首批重点监管的危险化工工艺目录》《首批重点监管的危险化工工艺安全控制要求、重点监控参数及推荐的控制方案》要求，对照本企业采用的危险化工工艺及其特点，确定重点监控的工艺参数，装备和完善自动控制系统，大型和高度危险化工装置要按照推荐的控制方案装备紧急停车系统。采用危险化工工艺的新建生产装置原则上要由甲级资质化工设计单位进行设计。

九、危险化学品“两重点、一重大”指的是什么？

两重点：重点监管的危险化学品、重点监管的危险化工工艺。

一重大：危险化学品重大危险源。

十、危险化学品重大危险源定义？

危险化学品重大危险源(以下简称重大危险源)，是指按照《危险化学品重大危险源辨识》(GB 18218)标准辨识确定，生产、储存、使用或者搬运危险化学品的数量等于或者超过临界量的单元(包括场所和设施)。

十一、有重大危险源的危险化学品企业安全管控总体要求是什么？

危险化学品单位是本单位重大危险源安全管理的责任主体，其主要负责人对本单位的重大危险源安全管理工作负责，并保证重大危险源安全生产所必需的安全投入。

超过个人和社会可容许风险限值标准的，危险化学品单位应当采取相应的降低风险措施。

危险化学品单位应当将重大危险源可能发生的事故后果和应急措施等信息，以适当方式告知可能受影响的单位、区域及人员。

对存在吸入性有毒、有害气体的重大危险源，危险化学品单位应当配备便携式浓度检测设备、空气呼吸器、化学防护服、堵漏器材等应急器材和设备；涉及剧毒气体的重大危险源，还应当配备两套以上(含本数)气密型化学防护服；涉及易燃易爆气体或者易燃液体蒸气的重大危险源，还应当配备一定数量的便携式可燃气体检测设备。

危险化学品单位应当依法制定重大危险源事故应急预案，建立应急救援组织或者配备应急救援人员，配备必要的防护装备及应急救援器材、设备、物资，并保障其完好和方便使用；配合地方人民政府安全生产监督管理部门制定所在地区涉及本单位的危险化学品事故应急预案。

危险化学品单位应当制定重大危险源事故应急预案演练计划，并按照下列要求进行事故应急预案演练：

——对重大危险源专项应急预案，每年至少进行一次；

——对重大危险源现场处置方案，每半年至少进行一次。

应急预案演练结束后，危险化学品单位应当对应急预案演练效果进行评估，撰写应急预案演练评估报告，分析存在的问题，对应急预案提出修订意见，并及时修订完善。

危险化学品单位应当对辨识确认的重大危险源及时、逐项进行登记建档。

危险化学品单位新建、改建和扩建危险化学品建设项目，应当在建设项目竣工验收前完成重大危险源的辨识、安全评估和分级、登记建档工作，并向所在地县级人民政府安全生产监督管理部门备案。

十二、重大危险源分为哪四级？划分规则是什么？

重大危险源根据其危险程度，分为一级、二级、三级和四级，一级为最高级别。

危险化学品重大危险源级别	R 值	危险化学品重大危险源级别	R 值
一级	$R \geqslant 100$	三级	$50>R \geqslant 10$
二级	$100>R \geqslant 50$	四级	$R<10$

R 的计算方法

$$R=\alpha\left(\beta_1 \frac{q_1}{Q_1}+\beta_2 \frac{q_2}{Q_2}+\cdots+\beta_n \frac{q_n}{Q_n}\right)$$

式中　q_1，q_2，…，q_n——每种危险化学品实际存在(在线)量，t；

Q_1，Q_2，…，Q_n——与各危险化学品相对应的临界量，t；

β_1，β_2…，β_n——与各危险化学品相对应的校正系数；

α——该危险化学品重大危险源厂区外暴露人员的校正系数。

第九章 特殊作业安全

一、什么是特殊作业？

特殊作业是指化学品生产单位设备检修过程中可能涉及的动火、进入受限空间、盲板抽堵、高处作业、吊装、临时用电、动土、断路等，对操作者本人、他人及周围建(构)筑物、设备、设施的安全可能造成危害的作业。

二、为什么要进行特殊作业安全管理？

化工生产具有工艺反应复杂、反应过程处于高(低)温、高(负)压，化工原料、产品(中间产品)易燃、易爆、易中毒、易腐蚀的特点，因此化工行业生产的安全风险要高于其他工业生产行业，化工生产对工艺操作及检修作业都有很高的技术和安全要求，化工装置发生的生产安全事故可分为生产操作事故和生产检修作业事故，而绝大部分生产检修作业事故都与特殊作业有关联。

三、特殊作业事故发生的主要原因有哪些？

(1) 企业负责人法治意识差，企业没有认真贯彻执行国家有关化工安全生产的法律、法规及关于特殊作业的相关国家标准。

（2）企业安全监督管理体系和管理制度不健全，责任不明确，存在无人管和管理制度存在漏洞或缺陷的问题。

（3）企业主要负责人对安全生产不重视，缺乏风险管理的意识，不清楚如何管控动火等特殊作业的安全风险，不具备相应的安全管理能力。

（4）企业安全教育培训不够，特殊作业人员和安全管理人员对特殊作业安全知识和风险管理措施知识相对匮乏。不能认真、严格执行特殊作业安全规范。

（5）对特殊作业的风险辨识能力差，不能对特殊作业过程中存在的风险进行正确的辨识分析，制定相应的安全管控措施。

（6）特殊作业在执行过程中管控不严，监督检查力度不够，安全措施落实不到位，安全管理工作混乱。

四、特殊作业的安全管控要点有哪些？

（一）开展特殊作业风险辨识，制定有效的安全措施

特殊作业的风险辨识包括对作业环境、作业对象、作业过程的危险、危害因素和环境因素进行识别。确定危险程度，制定和落实控制措施，包括能量的释放控制措施、个体防护措施和应急处理措施，对措施进行完整性、安全性、可靠性的确认评估，保证措施的有效性。

（二）严格落实各项安全措施

生产人员要对作业设备、作业部位进行有效的隔离、清洗、置换工作，对作业周边环境要严格按照安全措施要求逐项落实，不得采用任何“替代”手段，要防止留下“漏洞”和“死角”。

（三）严把作前安全交底及安全教育关

要对作业人员就作业现场和作业过程中可能存在的危险及采取的具体安全措施进行安全交底，并对作业人员就个体防护器具的使用方

法、事故的预防、避险、逃生、自救、互救等知识进行安全教育。

(四) 严把作业分析关

分析人员要通过特殊作业分析培训，掌握各类特殊作业的分析要领，按分析要求进行作业前及作业过程中的分析，分析位置要有代表性，分析仪器要定期校验，分析数据要进行核实，并如实、及时填写数据及上报。严禁随意减少分析部位、分析次数。

(五) 严把作业审批关

审批人员应到现场对特殊作业部位及周边情况进行检查、逐项落实安全措施，确认无误后，方可签字。禁止审批人不到现场就在作业证上签字或由其他人代签。

(六) 严把作业安全监督关

安全监护人要严格监护职责，认真检查作业前各项安全措施的落实情况，做好作业过程的监护工作，不得擅离职守，并做好作业完成后现场各种不安全因素的消除及现场清理及验收工作。

五、什么是动火作业?

动火作业是指直接或间接产生明火的工艺设备以外的禁火区内可能产生火焰、火花或炽热表面的非常规作业，如使用电焊、气焊(割)、喷灯、电钻、砂轮等进行的作业。

在危险化学品生产单位动火作业类型很多，如，焊接作业：气焊、电焊、铅焊、锡焊、塑料焊等；金属切割作业：气割、等离子切割机、砂轮机、磨光机作业；明火作业：使用喷灯、液化气炉、火炉、电炉等；烧、烤、煨管线、熬沥青、炒砂子、铁锤击(产生火花)物件、喷砂和产生火花的其他作业。

由于危险化学品企业动火作业本身的特点，在作业过程中极易引发火灾、爆炸及次生人身伤害事故。因此，动火作业的安全管理是危险化学品企业现场检维修作业安全监督工作的重中之重。

六、如何对动火作业进行分级管理？

危险化学品企业动火作业分为“二区三级”，二区即固定动火区及禁火区，三级为二级动火、一级动火、特殊动火三个级别。

二级动火作业：除特殊动火作业和一级动火作业以外的动火作业。凡生产装置或系统全部停车，装置经清洗、置换、分析合格并采取安全隔离措施后，可根据其火灾、爆炸危险性大小，经所在单位安全管理部门批准，动火作业可按二级动火作业管理。

一级动火作业：在易燃易爆场所进行的除特殊动火作业以外的动火作业。装置区管廊上的动火作业按一级动火作业管理。

特殊动火作业：在生产运行状态下的易燃易爆生产装置、输送管道、储罐、容器等部位上及其他特殊危险场所进行的动火作业，带压不置换动火作业按特殊动火作业管理。

如果在夜间(每天20时至次日8时)、国家法定节日、假日内进行动火作业，按规定进行升级管理。

特殊动火和一级动火《动火作业许可证》的有效时限不超过8h。二级动火《动火作业许可证》的有效时限不超过72h；每日动火前要进行动火分析。动火作业超过有效期限应重新办理《动火作业许可证》。

七、动火作业存在哪些风险？应采取什么安全措施？

（1）设备或管道内部存在易燃易爆物质。在进行动火作业前，应将动火设备、管道与生产系统进行有效隔离；并将动火设备、管道内的物料进行清洗、置换，经过分析合格后才能进行作业。如因条件限制无法进行清洗、置换而确需动火作业时按特殊动火进行处理。在有可燃物构件和使用可燃物做防腐内衬的设备内部进行动火作业时，应采取防火隔绝措施。

（2）火星窜入其他设备或易燃物侵入动火设备。可利用盲板将动火设备与相连设备进行隔离，不可用阀门代替盲板。

(3) 动火点周围有易燃物。在作业前应清除动火现场及周围的易燃物品，或采取其他有效安全防火措施，并配备消防器材，满足作业现场应急需求。如动火点周围或其下方的地面有可燃物、空洞、窨井、地沟、水封等，应检查分析并采取清理或封盖等措施。

(4) 泄漏电流(感应电)。为避免泄漏电流，可采用以下措施，电焊回路线应搭接在焊件上，不得与其他设备搭接，禁止穿越下水道(井)。

(5) 火星飞溅。为避免此风险，对动火作业进行以下规定：动火期间距动火点 30m 内不应排放可燃气体；距动火点 15m 内不应排放可燃液体；在动火点 10m 范围内及用火点下方不应同时进行可燃溶剂清洗或喷漆等作业。

(6) 气瓶间距不足或放置不当。在使用气焊、气割动火作业时，乙炔瓶应直立放置，氧气瓶与之间距不应小于 5m，二者与作业地点间距不应小于 10m，并应设置防晒设施。对有缺陷电、气焊工具应及时更换。

(7) 作业过程中，易燃物外泄。当动火点周围有可能泄漏易燃、可燃物料的设备，应采取隔离措施。

(8) 通风不良。通风不良可能导致动火点附近可燃物质浓度达到爆炸极限导致火灾爆炸，采取强制通风措施。

(9) 动火设备内气体达不到动火作业的合格标准。取样与动火间隔不得超过 30min，如超过此间隔或动火作业中断时间超过 30min，必须重新取样分析。采样点应有代表性，特殊动火的分析样品应保留至动火结束。动火过程中，中断动火时，现场不得留有余火，重新动火前应认真检查现场条件是否有变化，如有变化，不得动火。

(10) 无监火人。动火作业必须有监火人，监火人不在现场不得进行动火作业。

(11) 应急设施不够。当动火作业场所没有配置足够的应急设施或者应急处置不当时，可能会导致更大的事故。所以动火现场备有灭火工具(如蒸汽管、水管、灭火器、砂子、铁铣等)。固定泡沫灭火系统进行预启动状态。必要时可请专职消防队到现场监护。

(12)同步进行两种或两种以上危险作业。若动火作业涉及进入受限空间、高处、抽堵盲板、管道设备检修作业等危险作业时,应同时办理相关作业许可证。

(13)现场条件变化。

当施工条件发生重大变化没有及时进行风险分析并落实安全措施时,也有可能引发事故。当五级以上(含五级)天气,原则上禁止露天动火作业,因生产确需动火,动火作业应升级管理。

八、动火作业前应该做哪些安全准备工作?

(1)可燃物的清除与隔绝

对动火部位的设备、管线进行隔绝、清洗、置换,并确认满足动火作业安全要求;对动火点周围或其下方的地面可能存有可燃物的空洞、窨井、地沟、水封等,应检查分析并采取清理或封盖等措施;对于动火点周围有可能泄漏易燃、可燃物料的设备,应采取隔离措施。在有可燃物构件和使用可燃物做防腐内衬的设备内部进行动火作业时,应采取防火隔绝措施。距动火点30m内不应排放可燃气体;距动火点15m内不应排放可燃液体;在动火点10m范围内及用火点下方不应同时进行可燃溶剂清洗或喷漆等作业。

(2)对作业人员进行严格检查

动火作业人员接受过厂、车间安全教育,有入厂证且与动火票签名相符。电焊作业人员必须持有有效的焊工证。劳保着装规范(安全帽、防护眼睛、防护手套、工作服、劳保鞋等)。电焊工必须穿绝缘手套和绝缘劳保鞋;对作业情况熟悉,特别对物料管线、设备的动火部位要清楚,未经许可,不许擅自动用现场任何设施。

(3)对动火点环境进行严格检查

检查动火作业部位已进行了有效的隔绝、清洗、置换；高处动火应有防火星飞溅措施；动火点周围无可燃物排放的作业活动或其下方的空洞、窨井、地沟、水封已采取清理或封盖等措施；动火现场材料摆放整齐，动火作业现场配备适量合格的消防器材，消防通道保持通畅。

(4) 对施工器具、消防救护器材进行落实检查

作业过程中使用的脚手架、起重机械、电气焊用具、手持电动工具等各种工器具应符合作业安全要求。超过安全电压的手持式、移动式电动工器具应逐个配置漏电保护器和电源开关。作业使用的个体防护器具、消防器材、通信设备、照明设备等应完。气瓶有防震圈，外观无缺陷；减压阀、压力表完好；气瓶导气管完好无破损，接头捆扎牢固，气瓶在烈日下应有遮阳措施等。乙炔气瓶有防回火器；乙炔气瓶应直立放置，氧气瓶与之间距离不应小于5m，与作业地点间距不应小于10m。

(5) 作业前对参加作业的人员进行安全培训和交底

内容包括有关作业的安全规章制度；作业现场和作业过程中可能存在的危险、有害因素及应采取的具体安全措施；作业过程中所使用的个体防护器具的使用方法及使用注意事项；应急处置措施或方案等。

九、动火分析都有哪些要求？合格标准是什么？

(1) 分析范围和内容

对动火人员不需要进入设备的情况，要作可燃物含量分析，并应在不小于动火点10m范围内进行动火分析；对于需要动火人进入的情况，还要做氧含量分析和毒物分析。取样要有代表性和全面性，如塔类，至少应测上、中、下3个点；储罐应在物料进出口和中部；卧式容器最好取两端。采样时尽可能伸向设备内部，样品才有代表性，切

不可在人孔处取样，此处因空气对流是不准确的。

（2）分析间隔时间

动火分析与动火作业间隔一般不超过30min，如现场条件不允许，间隔时间可适当放宽，但不应超过60min。作业中断时间超过60min，应重新分析，每日动火前均应进行动火分析；特殊动火作业期间应随时进行检测。

（3）动火分析合格标准

① 当被测气体或蒸气的爆炸下限大于或等于4%时，其被测浓度应不大于0.5%(体积分数)；

② 当被测气体或蒸气的爆炸下限小于4%时，其被测浓度应不大于0.2%(体积分数)。

③ 在生产、使用、储存氧气的设备上进行动火作业时，设备内氧含量不应超过23.5%。

十、动火许可证的办理程序?

（一）申请

动火作业单位根据生产或工程需要，向相关部门提出动火申请，申请内容应包括动火原因、动火部位、工艺介质、工艺条件、存在的危险、采取的安全措施、技术要求等，填写《动火作业许可证》。

（二）审批

当完成动火作业前的所有准备工作并且动火分析合格后，根据动火的签批要求进行签批：二级动火的《动火作业许可证》由动火所在车间的主管负责人审批。一级动火的《动火作业许可证》由主管安全(防火)部门审批。特殊动火的《动火作业许可证》由主管厂长或总工程师审批。

（三）其他注意事项

（1）动火作业应按动火级别办理相应级别的《动火作业许可证》。

(2)《动火作业许可证》的“动火地点”栏的填写必须具体；“动火方式”栏要明确填写采取何类火源及动火范围。

(3)《安全作业证》实行一个作业点、一个作业周期内同一作业内容一张《安全作业证》的管理方式。

(4)《安全作业证》不应随意涂改和转让、不应变更作业内容、扩大使用范围、转移作业部位或异地使用。

(5) 作业内容变更、作业范围扩大、作业地点转移或超过有效期限，以及作业条件、作业环境条件或工艺条件改变时，应重新办理《安全作业证》。

(6)《动火作业许可证》上的安全措施，包括补充的其他安全措施必须逐条检查、签字确认。

(7) 动火审批人要现场检查确认各项安全措施的落实情况，未完全落实不得签发。

十一、动火过程中如何进行安全管理?

(1) 动火负责人对动火作业负全面责任，必须在动火作业前详细了解作业内容和动火部位及周围情况，制定、落实动火安全措施，交代作业任务和防火安全注意事项。

(2) 动火人在动火作业前须核实各项内容是否落实，审批手续是否完备，若发现不具备条件时，有权拒绝动火。动火前应主动向监火人呈验《动火作业许可证》，经双方签名并注明动火时间后，方可实施动火作业。

(3) 监护人应佩戴明显标志，合理行使自己的职权，动火作业前逐项检查并落实防火措施，动火过程中经常性地检查防火措施情况，检查周围有无泄漏等环境变化，如发现异常情况有权立即制止动火，对动火人不执行“三不动火”原则(动火人无操作证不动火、防护措施不到位不动火、无监火人或《动火作业许可证》签字不齐全不动火)又不听劝阻的，要收回《动火作业许可证》并命令动火作业人立即停止动火。

(4) 当生产装置出现异常或动火条件发生变化时，可能危及作业人员安全时，作业人员应停止作业，迅速撤离，作业单位应立即通知生产单位。

(5) 动火作业后的检查验收是动火作业的重要一环，但往往被忽视，必须及时对动火作业的工作质量进行检查，发现问题及时处理；动火作业结束后，必须及时彻底清理现场，消除遗留下来的火种，并及时关闭电源、气源，把焊(割)工具放在安全地方。现场清理完成后，还应及时封票留存备查。

十二、特殊动火作业有哪些要求?

特殊动火作业除了要满足一级、二级动火作业要求的同时，还应符合以下规定：在生产不稳定的情况下不应进行带压不置换动火作业；应预先制定作业方案，落实安全防火措施，必要时可请专职消防队到现场监护；动火点所在生产车间(分厂)应预先通知工厂生产调度部门及有关单位，使之在异常情况下能及时采取相应的应急措施；应在正压条件下进行作业；应保持作业现场通排风良好。

十三、什么是受限空间和受限空间作业?

受限空间是指进出口受限，通风不良，可能存在易燃易爆、有毒有害物质或缺氧，对进入人员的身体健康和生命安全构成威胁的封闭、半封闭设施及场所，如反应器、塔、釜、槽、罐、炉膛、锅筒、管道以及地下室、窨井、坑(池)、下水道或其他封闭、半封闭场所。

受限空间作业就是进入或探入受限空间进行的作业。

十四、受限空间作业有哪些风险?

(1) 中毒窒息。大多受限空间需要定期进入进行维护、清理和定检，与这些设备连接的有许多管道、阀门，倘若安全措施不落实，未安装盲板，会存在阀门内漏、置换或通风不彻底、氧浓度不合格等危害，致使作业人员中毒或窒息。也有一些窨井、地窖等在发酵菌的长期作用下，有毒气体产生、聚集，致使作业人员中毒。

(2) 火灾爆炸。由于通风不良，受限空间内有害物质挥发的可燃气体在空间内不断聚集，当其达到爆炸极限后，遇明火即会发生爆炸，造成人员、设施的损害。

(3) 物体打击伤害。许多受限空间入口处往往设有作业平台，作业人员在作业过程中，由于其安全意识不强，监护人监护不到位，在传递工具或打开窨井盖、釜盖等过程中发生物体打击伤害。

(4) 高处坠落、机械伤害。受限空间内作业条件比较复杂，如凉水塔、聚合釜内设有喷头、支架、搅拌器以及一些其他电气传动设备，在作业过程中由于作业人员的误操作、安全附件不齐全以及风力、温度等环境因素的影响，极易造成高空坠落、机械伤害等事故。

(5) 触电伤害。作业人员进入受限空间作业，往往需要进行焊接补漏等工作，在使用电气工器具作业过程中，由于受限空间内潮湿环境、电源线漏电、未使用漏电保护器或漏电保护器选型不当以及焊把线绝缘损坏等，造成作业人员触电伤害。

(6) 坍塌。受限空间作业使用的脚手架、作业平台或作业空间临时支架因受力过载发生支撑沉降、倾覆，导致平台、脚手架发生整体垮塌，造成人员伤害、设备损坏。

(7) 未按要求做好个人防护。进入受限空间必须按规定穿戴好空气呼吸器、防护服等个人防护设备，有些作业人员不按规定穿戴则有可能导致中毒窒息。当事故发生后，由于人的心理原因以及其他因素，急于将受害者救出，监护人或其他人员，在不佩戴任何防护用具情况下，贸然进入受限空间，可能造成事故的进一步扩大。

十五、受限空间作业有哪些安全管控措施？

（1）安全隔绝。受限空间与其他系统连通的可能危及安全作业的管道必须采取有效隔离措施。与受限空间连通的可能危及安全作业的管道必须采用插入盲板或拆除一段管道进行隔绝。与受限空间连通的可能危及安全作业的孔、洞应进行严密地封堵。受限空间内用电设备应停止运行并有效切断电源，在电源开关处上锁并加挂警示牌。

（2）清洗或置换。受限空间应达到如下要求：氧含量为 18%~21%，富氧环境下不应大于 23.5%。有毒气体(物质)浓度应符合 GBZ 2.1 的规定。可燃气体浓度要求同动火作业规定。

（3）通风。打开人孔、手孔、料孔、风门、烟门等与大气相通的设施进行自然通风。必要时，应采用风机强制通风或管道送风，管道送风前应对管道内介质和风源进行分析确认。

（4）照明及用电安全。受限空间照明电压应小于或等于 36V，在潮湿容器、狭小容器内作业电压应小于或等于 12V。在潮湿容器中，作业人员应站在绝缘板上，同时保证金属容器接地可靠。

（5）作业前对参加作业的人员进行安全交底，内容包括作业现场和作业过程中可能存在的危险、有害因素及应采取的具体安全措施；作业过程中所使用的个体防护器具的使用方法及使用注意事项；应急处置措施或方案等。

（6）作业监护。在受限空间外应设有专人监护，作业期间监护人员不应离开。在风险较大的受限空间作业时，应增设监护人员，并随时与受限空间内作业人员保持联络。

（7）现场安全管理。受限空间外应设置安全警示标志。受限空间出入口应保持畅通。作业前后应清点作业人员和作业工器具。作业人员不应携带与作业无关的物品进入受限空间。作业中不应抛掷材料、工器具等物品；在有毒、缺氧环境下不应摘下防护面具；不应向受限空间充氧气或富氧空气；离开受限空间时应将气割(焊)工器具带出。

难度大、劳动强度大、时间长的受限空间作业应采取轮换作业方式。

(8) 应急设施。作业现场应备有空气呼吸器(氧气呼吸器)、消防器材和清水等相应的应急用品。作业人员发生紧急状况时，救援人员一定要在穿戴好防护装备，确保自身安全的情况下进行施救。

(9)办理受限空间安全作业证。受限空间作业单位根据生产或工程需要，向相关部门提出受限空间申请，申请内容应包括受限空间作业原因，作业部位、工艺介质、工艺条件、存在的危险、采取的安全措施、技术要求等，填写受限空间安全作业证。

当完成受限空间安全作业证前的所有准备工作并分析合格后，审批人员应到现场对受限作业空间及周边情况进行检查、逐项落实安全措施，确认无误后，方可在受限空间安全作业证上签字批准作业。

最长作业时限不应超过 24h，特殊情况超过时限的应办理作业延期手续。

作业结束后，受限空间所在单位和作业单位共同检查受限空间内外，确认无问题后方可封闭受限空间。

十六、受限空间作业的气体检测有什么要求?

(1) 作业前 30min 内，应对受限空间进行气体采样分析，分析合格后方可进入，如现场条件不允许，时间可适当放宽，但不应超过 60min。

(2) 监测点应有代表性，容积较大的受限空间，应对上、中、下各部位进行监测分析。分析仪器应在校验有效期内，使用前应保证其处于正常工作状态。

(3) 监测人员深入或探入受限空间采样时应采取个体防护措施。

(4) 作业中应定时监测，至少每 2h 监测一次，如监测分析结果有明显变化，应立即停止作业，撤离人员，对现场进行处理，分析合格后方可恢复作业。

（5）对可能释放有害物质的受限空间，应连续监测，情况异常时应立即停止作业，撤离人员，对现场处理，分析合格后方可恢复作业。

（6）涂刷具有挥发性溶剂的涂料时，应做连续分析，并采取强制通风措施。

（7）作业中断时间超过 30min 时，应重新进行取样分析。

（8）进入受限空间分析合格标准按如下要求：

① 氧含量为 18%~21%，在富氧环境下不应大于 23.3%；

② 有毒气体(物质)浓度应符合《工作场所有害因素职业接触限值》中第 1 部分 化学有害因素的规定。

③ 可燃气体浓度要求：当被测气体或蒸气的爆炸下限大于或等于 4%时，其被测浓度应不大于 0.5%(体积分数)；当被测气体或蒸气的爆炸下限小于 4%时，其被测浓度应不大于 0.2%(体积分数)。

十七、受限空间作业需要落实哪些个体防护措施?

（1）缺氧或有毒的受限空间经清洗或置换仍达不到要求的，应佩戴隔离式呼吸器，必要时应拴带救生绳。

（2）易燃易爆的受限空间经清洗或置换仍达不到要求的，应穿防静电工作服及防静电工作鞋，使用防爆型低压灯具及防爆工具。

（3）酸碱等腐蚀性介质的受限空间，应穿戴防酸碱防护服、防护鞋、防护手套等防腐蚀护品。

（4）有噪声产生的受限空间，应配戴耳塞或耳罩等防噪声护具。

（5）有粉尘产生的受限空间，应配戴防尘口罩、眼罩等防尘护具。

（6）高温的受限空间，进入时应穿戴高温防护用品，必要时采取通风、隔热、佩戴通信设备等防护措施。低温的受限空间，进入时应穿戴低温防护用品，必要时采取供暖、佩戴通信设备等措施。

十八、受限空间作业相关人员有哪些职责要求?

(1) 作业负责人的职责

对受限空间作业安全负全面责任；在受限空间作业环境、作业方案和防护设施及用品达到安全要求后，可安排人员进入受限空间作业；在受限空间及其附近发生异常情况时，应停止作业；检查、确认应急准备情况，核实内外联络及呼叫方法；对未经允许试图进入或已经进入受限空间者进行劝阻或责令退出。

(2) 监护人员的职责

掌握应急救援的基本知识，对受限空间作业人员的安全负有监督和保护的职责；了解可能面临的危害，对作业人员出现的异常行为能够及时警觉并做出判断。与作业人员保持联系和交流，观察作业人员的状况；当发现异常时，立即向作业人员发出撤离警报，并帮助作业人员从受限空间逃生，同时立即呼叫紧急救援。

(3) 作业人员的职责

负责在保障安全的前提下进入受限空间实施作业任务。作业前应了解作业的内容、地点、时间、要求，熟知作业中的危害因素和应采取的安全措施；确认安全防护措施落实情况；遵守受限空间作业安全操作规程，正确使用受限空间作业安全设施与个体防护用品；应与监护人员进行必要的、有效的安全、报警、撤离等双向信息交流；服从作业监护人的指挥，如发现作业监护人员不履行职责时，应停止作业并撤出受限空间；在作业中如出现异常情况或感到不适或呼吸困难时，应立即向作业监护人发出信号，迅速撤离现场。

(4) 审批人员的职责

审查《受限空间作业许可证》的办理是否符合要求；到现场了解受限空间内外情况；督促检查各项安全措施的落实情况。

第十章

设备完好性与特种设备安全

一、保持设备完好性(完整性)，在设备台账管理制度方面有何要求?

企业要对所有设备进行编号，建立设备台账、技术档案和备品配件管理制度，编制设备操作和维护规程。设备操作、维修人员要进行专门的培训和资格考核，培训考核情况要记录存档。

二、保持设备完好性(完整性)，在装置泄漏监(检)测管理制度方面有何要求?

企业要统计和分析可能出现泄漏的部位、物料种类和最大量。定期监(检)测生产装置动静密封点，发现问题及时处理。定期标定各类泄漏检测报警仪器，确保准确有效。要加强防腐蚀管理，确定检查部位，定期检测，建立检测数据库。对重点部位要加大检测检查频次，及时发现和处理管道、设备壁厚减薄情况；定期评估防腐效果和核算设备剩余使用寿命，及时发现并更新更换存在安全隐患的设备。

三、保持设备完好性(完整性)，在电气安全管理制度方面有何要求?

企业要编制电气设备设施操作、维护、检修等管理制度。定期开展企业电源系统安全可靠性分析和风险评估。要制定防爆电气设备、线路检查和维护管理制度。

四、保持设备完好性(完整性)，在仪表自动化控制系统安全管理制度方面有何要求?

新(改、扩)建装置和大修装置的仪表自动化控制系统投用前、长期停用的仪表自动化控制系统再次启用前，必须进行检查确认。要建立健全仪表自动化控制系统日常维护保养制度，建立安全联锁保护系统停运、变更专业会签和技术负责人审批制度。

五、在设备安全运行管理方面，企业应重点抓好哪几方面的工作?

(1) 开展设备预防性维修。关键设备要装备在线监测系统。要定期监(检)测检查关键设备、连续监(检)测检查仪表，及时消除静设备密封件、动设备易损件的安全隐患。定期检查压力管道阀门、螺栓等附件的安全状态，及早发现和消除设备缺陷。

(2) 加强动设备管理。企业要编制动设备操作规程，确保动设备始终具备规定的工况条件。自动监测大机组和重点动设备的转速、振动、位移、温度、压力、腐蚀性介质含量等运行参数，及时评估设备运行状况。加强动设备润滑管理，确保动设备运行可靠。

(3) 开展安全仪表系统安全完整性等级评估。企业要在风险分析的基础上，确定安全仪表功能(SIF)及其相应的功能安全要求或安全完整性等级(SIL)。企业要按照《过程工业领域安全仪表系统的功能安全》(GB/T 21109)和《石油化工安全仪表系统设计规范》的要求，设计、安装、管理和维护安全仪表系统。

六、加强设备管理，保证设备完好的主要环节有哪些？

设备管理工作的好坏关系到能否保证设备的完好；关系到能否减少装置突发的故障；设备管理工作做得好是化工生产装置的安全稳定运转的前提条件。设备故障一方面会直接导致安全事件；另一方面会造成装置的停车，带来停、开车的安全风险。企业主要负责人应充分认识到设备管理工作的重要性，关注、抓好影响设备完好的主要环节。

（一）提高预判能力，落实计划检修

提高预判能力应做好以下几点：一是做好设备的定期检查、检验；二是做好翔实的检验、检查记录；三是充实必要的检验仪器、提高检验检查手段；四是提升设备管理人员的业务技能，强化责任心。

企业应结合故障诊断及状态监测结果及检修规程的规定，做好计划检修工作，实施科学检修。设备管理人员应了解重点设备和对装置安全运行构成危胁的设备、设施的检修周期，进行预防性维修，杜绝设备疲劳或带隐患运行，避免设备故障造成的意外停车，减少开、停车环节，降低安全风险。

（二）强化检修质量

很多企业的设备检修工作往往出现重时间、进度，轻检修质量的倾向，这就要求检修人员提高质量意识，检修过程中要严格执行检修规程、规范，严格控制检修质量验收技术指标，要检修一台设备保证一个检修周期。

工作中应强调严格执行检修规程，检修内容、检修周期以及检修质量要符合规程要求。必要时，要用技术数据或专业报告判定检修质量。

把好备件质量关，备件质量是检修质量的重要一环，检修人员有核查备件质量的义务。同时做好备品备件的计划及落实，保证检修需要。

(三) 完善档案管理

档案管理可以促进设备现场管理。这方面经常存在的问题是设备档案记录不全，设备报表、检修记录的真实性和及时性存在问题，进而不能对设备的计划检修提供支持和帮助。因此在工作中，要注重加强设备检修记录、润滑台账(加油记录)、运行台账等管理，确保及时、真实、准确；同时强化巡检记录，主要是包机人在巡检过程中重点关注运行参数的记录，如油位、温度、振动、泄漏及有无异常情况等。对动设备及边缘设备的记录要全面。对于静设备及管道应由属地单位按规程、规范要求考虑巡检内容和方式。切忌流于形式，严禁做假报表。

目前很多企业，尤其是大型石化企业都实行了电子化办公，但应保持必要的纸质原始记录。

(四) 重视检修技能

充分认识到检修队伍(人员)技能的重要，加强检修队伍(人员)技能培训，不断提升检修队伍(人员)的素质和能力。

(五) 明确管理责任

加强设备管理的层级管理是提升设备管理工作的重要一环，属地(车间)是企业的一个重要生产维护单元，要强化属地(车间)对设备维护的主动性和责任意识。

强化各属地(车间)的设备检修及管理的主体责任意识。外委单位的检修是设备管理工作的薄弱环节，而很多企业对于外来施工队伍的检修存在依附心里，造成管理脱节。对此，要求各属地(车间)在对于外来施工队伍承担的设备检修工作的安全、质量方面，提高责任意识。形成真正意义上的设备检修层级管理。

要明确界定检修(维护)单位与属地(车间)巡检、维护职责，科学划分各专业(层级)人员的“巡检包机制”内容，这既包括动静设备，也包括电仪设备、设施，以及管廊(管道)。

（六）加强公用工程、动力系统管理

公用工程、动力系统设备、设施的管理很容易被企业忽视，然而其一旦出现问题，对生产装置稳定运行的威胁很大，企业应高度重视。供电、供热、供水、供汽、供气及污水处理等设施必须符合国家标准，要制定并落实公用工程、动力系统维修计划，定期对公用工程、动力系统设施进行维护、检查。使用外部公用工程的企业应与公用工程的供应单位建立规范的联系制度，明确检修维护、信息传递、应急处置等方面的程序和责任。

设备管理工作是企业管理的重要组成部分，对于管理工作的执行与落实情况应严格进行检查、考核。保持设备完好性(完整性)，加强设备管理工作，是化工企业的一项复杂的系统工程，企业要结合自身实际不断探索、改进。对于出现的设备事件，且不可单纯的处罚了事，而是要对事件的原因从管理层面进行分析，找出问题的根原因，哪怕是一个小的设备事件，也不可放过，以持续改进企业的设备管理工作。

七、什么是特种设备?

《中华人民共和国特种设备安全法》所称的特种设备是指对人身和财产安全有较大危险性的锅炉、压力容器(含气瓶)、压力管道、电梯、起重机械、客运索道、大型游乐设施、场(厂)内专用机动车辆，以及法律、行政法规规定的其他特种设备。

八、特种设备有哪几种?

依据质检总局于2014年10月30日公布的《特种设备目录》，特种设备分类如下：

（一）锅炉

锅炉，是指利用各种燃料、电或者其他能源，将所盛装的液体加

热到一定的参数，并通过对外输出介质的形式提供热能的设备，其范围规定为设计正常水位容积大于或者等于30L，且额定蒸汽压力大于或者等于0.1MPa(表压)的承压蒸汽锅炉；出口水压大于或者等于0.1MPa(表压)，且额定功率大于或者等于0.1MW的承压热水锅炉；额定功率大于或者等于0.1MW的有机热载体锅炉。

(二) 压力容器

压力容器，是指盛装气体或者液体，承载一定压力的密闭设备，其范围规定为最高工作压力大于或者等于0.1MPa(表压)的气体、液化气体和最高工作温度高于或者等于标准沸点的液体、容积大于或者等于30L且内直径(非圆形截面指截面内边界最大几何尺寸)大于或者等于150mm的固定式容器和移动式容器；盛装公称工作压力大于或者等于0.2MPa(表压)，且压力与容积的乘积大于或者等于1.0MPa·L的气体、液化气体和标准沸点等于或者低于60℃液体的气瓶；氧舱。

关于气瓶，应注意以下两点：

(1) 气瓶，不含仅在灭火时承受压力、储存时不承受压力的灭火用气瓶。

(2) 关于气瓶及气瓶阀门制造许可。手提式干粉灭火器、手提式水基型灭火器按照《关于部分消防产品实施强制性产品认证的公告》(2014年第12号)规定管理，制造其焊接结构的筒体不需要取得气瓶制造许可。制造其他消防灭火用气瓶仍需取得气瓶制造许可。

(三) 压力管道及压力管道元件

压力管道，是指利用一定的压力，用于输送气体或者液体的管状设备，其范围规定为最高工作压力大于或者等于0.1MPa(表压)，介质为气体、液化气体、蒸气或者可燃、易爆、有毒、有腐蚀性、最高工作温度高于或者等于标准沸点的液体，且公称直径大于或者等于50mm的管道。公称直径小于150mm，且其最高工作压力小于1.6MPa(表压)的输送无毒、不可燃、无腐蚀性气体的管道和设备本体所属管道除外。其中，石油天然气管道的安全监督管理还应按照《安全生产法》《石油天然气管道保护法》等法律法规实施。

压力管道定义中“公称直径小于 150mm，且其最高工作压力小于 1. 6MPa(表压)的输送无毒、不可燃、无腐蚀性气体的管道”所指的无毒、不可燃、无腐蚀性气体，不包括液化气体、蒸气和氧气。

压力管道元件包括压力管道管子、压力管道管件、压力管道阀门、压力管道法兰、压力管道补偿器、压力管道密封元件、压力管道特种元件(防腐管道元件、元件组合装置)等。

压力管道元件公称直径均应大于等于 50mm。

(四) 起重机械

起重机械，是指用于垂直升降或者垂直升降并水平移动重物的机电设备，其范围规定为额定起重量大于或者等于 0. 5t 的升降机；额定起重量大于或者等于 3t(或额定起重力矩大于或者等于 40t · m 的塔式起重机，或生产率大于或者等于 300t/h 的装卸桥)，且提升高度大于或者等于 2m 的起重机；层数大于或者等于 2 层的机械式停车设备。

(五) 场(厂)内专用机动车辆

场(厂)内专用机动车辆，是指除道路交通、农用车辆以外仅在工厂厂区、旅游景区、游乐场所等特定区域使用的专用机动车辆。

企业所涉及的场(厂)内专用机动车辆为叉车。

(六) 电梯

电梯，是指动力驱动，利用沿刚性导轨运行的箱体或者沿固定线路运行的梯级(踏步)，进行升降或者平行运送人、货物的机电设备，包括载人(货)电梯、自动扶梯、自动人行道等。非公共场所安装且仅供单一家庭使用的电梯除外。

(七) 安全附件

安全附件包括安全阀、爆破片装置、紧急切断阀、气瓶阀门。

九、《特种设备安全法》对使用单位的原则要求有哪些？

特种设备安全工作应当坚持安全第一、预防为主、节能环保、综合治理的原则。

特种设备生产、经营、使用单位应当遵守本法和其他有关法律、法规，建立、健全特种设备安全和节能责任制度，加强特种设备安全和节能管理，确保特种设备生产、经营、使用安全，符合节能要求。

特种设备生产、经营、使用、检验、检测应当遵守有关特种设备安全技术规范及相关标准。

十、《特种设备安全法》对生产、经营、使用单位的一般规定主要包括哪些要求?

(1) 特种设备生产、经营、使用单位及其主要负责人对其生产、经营、使用的特种设备安全负责。

特种设备生产、经营、使用单位应当按照国家有关规定配备特种设备安全管理人员、检测人员和作业人员，并对其进行必要的安全教育和技能培训。

(2) 特种设备安全管理人员、检测人员和作业人员应当按照国家有关规定取得相应资格，方可从事相关工作。特种设备安全管理人员、检测人员和作业人员应当严格执行安全技术规范和管理制度，保证特种设备安全。

(3) 特种设备生产、经营、使用单位对其生产、经营、使用的特种设备应当进行自行检测和维护保养，对国家规定实行检验的特种设备应当及时申报并接受检验。

(4) 国家鼓励投保特种设备安全责任保险。

十一、《特种设备安全法》对使用单位的具体要求有哪些?

(1) 特种设备使用单位应当使用取得许可生产并经检验合格的特种设备。

禁止使用国家明令淘汰和已经报废的特种设备。

（2）特种设备使用单位应当在特种设备投入使用前或者投入使用后三十日内，向负责特种设备安全监督管理的部门办理使用登记，取得使用登记证书。登记标志应当置于该特种设备的显著位置。

（3）特种设备使用单位应当建立岗位责任、隐患治理、应急救援等安全管理制度，制定操作规程，保证特种设备安全运行。

（4）特种设备使用单位应当建立特种设备安全技术档案。安全技术档案应当包括以下内容：

① 特种设备的设计文件、产品质量合格证明、安装及使用维护保养说明、监督检验证明等相关技术资料和文件；

② 特种设备的定期检验和定期自行检查记录；

③ 特种设备的日常使用状况记录；

④ 特种设备及其附属仪器仪表的维护保养记录；

⑤ 特种设备的运行故障和事故记录。

（5）特种设备的使用应当具有规定的安全距离、安全防护措施。

与特种设备安全相关的建筑物、附属设施，应当符合有关法律、行政法规的规定。

（6）特种设备属于共有的，共有人可以委托物业服务单位或者其他管理人管理特种设备，受托人履行本法规定的特种设备使用单位的义务，承担相应责任。共有人未委托的，由共有人或者实际管理人履行管理义务，承担相应责任。

（7）特种设备使用单位应当对其使用的特种设备进行经常性维护保养和定期自行检查，并作出记录。

特种设备使用单位应当对其使用的特种设备的安全附件、安全保护装置进行定期校验、检修，并作出记录。

（8）特种设备使用单位应当按照安全技术规范的要求，在检验合格有效期届满前一个月向特种设备检验机构提出定期检验要求。

未经定期检验或者检验不合格的特种设备，不得继续使用。

（9）特种设备安全管理人员应当对特种设备使用状况进行经常性

检查，发现问题应当立即处理；情况紧急时，可以决定停止使用特种设备并及时报告本单位有关负责人。

特种设备作业人员在作业过程中发现事故隐患或者其他不安全因素，应当立即向特种设备安全管理人员和单位有关负责人报告；特种设备运行不正常时，特种设备作业人员应当按照操作规程采取有效措施保证安全。

(10) 特种设备出现故障或者发生异常情况，特种设备使用单位应当对其进行全面检查，消除事故隐患，方可继续使用。

(11) 锅炉使用单位应当按照安全技术规范的要求进行锅炉水(介)质处理，并接受特种设备检验机构的定期检验。

从事锅炉清洗，应当按照安全技术规范的要求进行，并接受特种设备检验机构的监督检验。

(12) 特种设备进行改造、修理，按照规定需要变更使用登记的，应当办理变更登记，方可继续使用。

(13) 特种设备存在严重事故隐患，无改造、修理价值，或者达到安全技术规范规定的其他报废条件的，特种设备使用单位应当依法履行报废义务，采取必要措施消除该特种设备的使用功能，并向原登记的负责特种设备安全监督管理的部门办理使用登记证书注销手续。

前款规定报废条件以外的特种设备，达到设计使用年限可以继续使用的，应当按照安全技术规范的要求通过检验或者安全评估，并办理使用登记证书变更，方可继续使用。允许继续使用的，应当采取加强检验、检测和维护保养等措施，确保使用安全。

(14) 移动式压力容器、气瓶充装单位，应当具备下列条件，并经负责特种设备安全监督管理的部门许可，方可从事充装活动：

① 有与充装和管理相适应的管理人员和技术人员；

② 有与充装和管理相适应的充装设备、检测手段、场地厂房、器具、安全设施；

③ 有健全的充装管理制度、责任制度、处理措施。

充装单位应当建立充装前后的检查、记录制度，禁止对不符合安全技术规范要求的移动式压力容器和气瓶进行充装。

气瓶充装单位应当向气体使用者提供符合安全技术规范要求的气瓶，对气体使用者进行气瓶安全使用指导，并按照安全技术规范的要求办理气瓶使用登记，及时申报定期检验。

十二、《特种设备安全法》对使用单位的事故应急救援有哪些要求？

特种设备使用单位应当制定特种设备事故应急专项预案，并定期进行应急演练。

特种设备发生事故后，事故发生单位应当按照应急预案采取措施，组织抢救，防止事故扩大，减少人员伤亡和财产损失，保护事故现场和有关证据，并及时向事故发生地县级以上人民政府负责特种设备安全监督管理的部门和有关部门报告。

与事故相关的单位和人员不得迟报、谎报或者瞒报事故情况，不得隐匿、毁灭有关证据或者故意破坏事故现场。

事故责任单位应当依法落实整改措施，预防同类事故发生。事故造成损害的，事故责任单位应当依法承担赔偿责任。

十三、特种设备使用单位法律责任有哪些？

(1) 特种设备使用单位有下列行为之一的，责令限期改正；逾期未改正的，责令停止使用有关特种设备，处一万元以上十万元以下罚款：

① 使用特种设备未按照规定办理使用登记的；

② 未建立特种设备安全技术档案或者安全技术档案不符合规定要求，或者未依法设置使用登记标志、定期检验标志的；

③ 未对其使用的特种设备进行经常性维护保养和定期自行检查，

或者未对其使用的特种设备的安全附件、安全保护装置进行定期校验、检修，并作出记录的；

④ 未按照安全技术规范的要求及时申报并接受检验的；

⑤ 未按照安全技术规范的要求进行锅炉水(介)质处理的；

⑥ 未制定特种设备事故应急专项预案的。

(2) 特种设备使用单位有下列行为之一的，责令停止使用有关特种设备，处三万元以上三十万元以下罚款：

① 使用未取得许可生产，未经检验或者检验不合格的特种设备，或者国家明令淘汰、已经报废的特种设备的；

② 特种设备出现故障或者发生异常情况，未对其进行全面检查、消除事故隐患，继续使用的；

③ 特种设备存在严重事故隐患，无改造、修理价值，或者达到安全技术规范规定的其他报废条件，未依法履行报废义务，并办理使用登记证书注销手续的。

(3) 移动式压力容器、气瓶充装单位有下列行为之一的，责令改正，处二万元以上二十万元以下罚款；情节严重的，吊销充装许可证：

① 未按照规定实施充装前后的检查、记录制度的；

② 对不符合安全技术规范要求的移动式压力容器和气瓶进行充装的。

违反本法规定，未经许可，擅自从事移动式压力容器或者气瓶充装活动的，予以取缔，没收违法充装的气瓶，处十万元以上五十万元以下罚款；有违法所得的，没收违法所得。

(4) 特种设备生产、经营、使用单位有下列情形之一的，责令限期改正；逾期未改正的，责令停止使用有关特种设备或者停产停业整顿，处一万元以上五万元以下罚款：

① 未配备具有相应资格的特种设备安全管理人员、检测人员和作业人员的；

② 使用未取得相应资格的人员从事特种设备安全管理、检测和作业的；

③ 未对特种设备安全管理人员、检测人员和作业人员进行安全教

育和技能培训的。

(5) 发生特种设备事故，有下列情形之一的，对单位处五万元以上二十万元以下罚款；对主要负责人处一万元以上五万元以下罚款；主要负责人属于国家工作人员的，并依法给予处分：

① 发生特种设备事故时，不立即组织抢救或者在事故调查处理期间擅离职守或者逃匿的；

② 对特种设备事故迟报、谎报或者瞒报的。

(6) 发生事故，对负有责任的单位除要求其依法承担相应的赔偿等责任外，依照下列规定处以罚款：

① 发生一般事故，处十万元以上二十万元以下罚款；

② 发生较大事故，处二十万元以上五十万元以下罚款；

③ 发生重大事故，处五十万元以上二百万元以下罚款。

(7) 对事故发生负有责任的单位的主要负责人未依法履行职责或者负有领导责任的，依照下列规定处以罚款；属于国家工作人员的，并依法给予处分：

① 发生一般事故，处上一年年收入百分之三十的罚款；

② 发生较大事故，处上一年年收入百分之四十的罚款；

③ 发生重大事故，处上一年年收入百分之六十的罚款。

(8) 特种设备安全管理人员、检测人员和作业人员不履行岗位职责，违反操作规程和有关安全规章制度，造成事故的，吊销相关人员的资格。

(9) 特种设备生产、经营、使用单位或者检验、检测机构拒不接受负责特种设备安全监督管理的部门依法实施的监督检查的，责令限期改正；逾期未改正的，责令停产停业整顿，处二万元以上二十万元以下罚款。

(10) 特种设备生产、经营、使用单位擅自动用、调换、转移、损毁被查封、扣押的特种设备或者其主要部件的，责令改正，处五万元以上二十万元以下罚款；情节严重的，吊销生产许可证，注销特种设备使用登记证书。

第十一章 安全设施和安全仪表

一、什么是安全设施？

安全设施是指在生产经营活动中用于预防、控制、减少与消除事故影响采用的设备、设施、装备及其他技术措施的总称。

二、安全设施的设计原则和采用要求是什么？

安全设施的设计是基于本质安全理念、事故预防优先、可靠性优先，综合考虑可操作性和经济合理的原则。

安全设施必须符合有关法律、法规、规章和国家标准或者行业标准、技术规范的规定，并尽可能采用先进适用的工艺、技术和可靠的设备、设施以满足要求的安全绩效。

三、安全设施的“三同时”要求主要包括哪些内容？

建设项目安全设施必须与主体工程同时设计、同时施工、同时投入生产和使用(以下简称“三同时”)。安全设施投资应当纳入建设项目概算。

生产、储存危险化学品(包括使用长输管道输送危险化学品，下同)的建设项目在进行可行性研究时，生产经营单位应当按照国家规定，进行安全预评价；建设项目安全设施设计应当充分考虑建设项目安全预评价报告提出的安全对策措施。

建设项目安全设施的施工应当由取得相应资质的施工单位进行，并与建设项目主体工程同时施工。施工单位应当严格按照安全设施设计和相关施工技术标准、规范施工。

建设项目安全设施竣工或者试运行完成后，生产经营单位应当委托具有相应资质的安全评价机构对安全设施进行验收评价，以保证其达到要求的安全绩效。

建设项目竣工投入生产或者使用前，生产经营单位应当组织对安全设施进行竣工验收，并形成书面报告备查。安全设施竣工验收合格后，方可投入生产和使用。

四、危险化学品建设项目安全设施和技术措施包含哪些内容？

（一）工艺系统

（1）工艺过程用于防泄漏、防火、防爆、防尘、防毒、防腐蚀等措施的设备设施；

（2）正常工况与非正常工况下用于危险物料安全控制措施的设备设施，如实现联锁保护、安全泄压、紧急切断、事故排放、反应失控等措施的设备设施，重点监管的危险化工工艺应采取的控制系统等。

（二）总平面布置

（1）建设项目与厂/界外设施的主要间距，以及采取的防护措施的设备设施；

（2）全厂及装置(设施)平面及竖向布置的主要安全考虑，包括功能分区、风速、风向、间距、高程、危险化学品运输等；

（3）平面布置的主要防火间距；

（4）厂区消防道路、安全疏散通道及出口。

(三) 设备及管道

(1) 主要设备、管道材料的选择和防护措施;

(2) 用于设备、管道防护、检验检测的设备设施。

(四) 电气

(1) 供电电源、应急或备用电源;

(2) 防雷、防静电接地设施。

(五) 自控仪表及火灾报警

(1) 应急或备用电源、气源;

(2) 实现自动控制和安全功能的设备设施,包括紧急停车系统、安全仪表系统等;

(3) 可燃及有毒气体检测和报警设施;

(4) 实现生产控制、消防控制、应急控制等的设备设施;

(5) 火灾报警系统、工业电视监控系统及应急广播系统等。

(六) 建构筑物

(1) 防火、防爆、抗爆、防腐、耐火保护等设施;

(2) 通风、排烟、除尘、降温等设施。

(七) 其他防范设施

(1) 防洪、防台风、防地质灾害、抗震等设施;

(2) 防噪声、防灼烫、防护栏、安全标志、风向标等设备设施;

(3) 个体防护装备。

(八) 事故应急措施

(1) 采用的主要事故应急救援设施,包括消防站、气防站、医疗急救设施等;

(2) 发生事故时,防止污水排出厂/界外的事故应急措施的设备设施等。

五、如何保持安全设施完好性指标?

企业应建立安全设施台账、档案,制定安全设施完好标准以及为保持其安全绩效的管理制度和日常检查、维护保养及小、中、大修的制度文件。

安全设施台账中至少包含设备设施的名称、位号、安全功能描述、完好指标、制造厂(者)、规格型号、出厂编号、初次使用日期、更新日期、上次检修日期、档案编号、台账维护人等。

企业应根据建设项目安全设施设计资料中对从业人员教育培训的要求配置满足职业素养和技能要求的从业人员，并按安全设施的管理制度和日常检查、维护保养及小、中、大修的制度文件规定完成日常检查、维护保养及小、中、大修作业以及相关归档和备案工作。

六、什么是安全仪表系统？安全仪表功能是什么？

安全仪表系统(Safety Instrumented System，SIS)是指用于执行一个或多个安全仪表功能(Safety Instrumented Function，SIF)的仪表系统。SIS是由传感器(如各类开关、变送器等)、逻辑控制器、以及最终元件(如电磁阀、电动门等)的组合组成。SIS可以包括，也可以不包括软件。另外，当操作人员的手动操作被视为SIS的有机组成部分时，必须在安全规格书(Safety Requirement Specification，SRS)中对人员操作动作的有效性和可靠性做出明确规定，并包括在SIS的绩效计算中。

安全仪表功能是指具有特定安全完整性等级(SIL)的，用于使设备设施达到功能安全的安全功能，它既可以是一个由机械的、固态的电子电气设备和可编程检测、控制电子设备集成的仪表安全保护功能，也可以是一个由机械的、固态的的电子电气设备和可编程检测、控制电子设备集成仪表控制功能。

过程工业领域安全仪表系统的功能安全(GB/T 21109—2007)把安全仪表功能(SIF)的安全完整性等级(SIL)划分为4个等级，最低SIL1级，最高SIL4级，对应企业不同风险降低的需求。化工行业通常应用的最高级为 3 级，既通常所说的 SIL3。

七、什么是基本过程控制系统?

过程工业领域安全仪表系统的功能安全(GB/T 21109—2007)把基本过程控制系统(BPCS)定义为：对来自过程的、系统相关设备的、其他可编程系统的和/操作员的输入信号进行响应，并产生使过程和系统相关设备按要求方式运行的系统。基本过程控制系统(BPCS)不执行具有被声明的安全完整性等级 SIL≥1 的安全仪表功能。

八、什么是功能安全?

过程工业领域安全仪表系统的功能安全(GB/T 21109—2007)把功能安全定义为：与过程和基本控制系统(BPCS)有关的整体安全的组成部分，它取决于 SIS 和其他保护层功能的正确执行。

九、什么是功能安全评估?

过程工业领域安全仪表系统的功能安全(GB/T 21109—2007)把功能安全评估定义为：基于证据的调查，以判断由一个或多个保护层所实现的功能安全。功能安全评估工作是安全仪表系统全生命周期管理的一部分，它贯穿安全仪表系统全生命周期管理整个过程，该项工作执行后应出具“安全仪表系统功能安全评估报告”。

“安全仪表系统功能安全评估报告”至少应包含安全仪表功能(SIF)定级并输出“安全要求规格书”、安全仪表功能验证并输出“安全仪表功能验证计算书”以及实现安全仪表功能相关设备设施检查、维护、测试程序文件。

安全仪表功能在设计完成后、安装调试后、工艺技术路线和设备及设施变更后需进行安全仪表功能的功能安全评估，原则上 SIL1 级的 SIF 可由独立个人完成，SIL2 级的 SIF 须由独立部门完成，SIL3 级的 SIF 须有独立组织完成。

十、安全仪表系统的涵盖范围有哪些？

按照《国家安全监管总局关于加强化工安全仪表系统管理的指导意见(安监总管三〔2014〕116 号)》SIS 的定义，下述系统均属于安全仪表系统：

安全联锁系统(Safety Interlock System，SIS)；

安全关联系统(Safety Related System，SRS)；

仪表保护系统(Instrument Protective System，IPS)；

透平压缩机集成控制系统(Integrated Turbo & Compressor Control System，ITCC)；

火灾及气体检测系统(Fire and Gas Systems，F&G)；

紧急停车系统(Emergency Shutdown Device，ESD)；

燃烧管理系统(Burner Management System)等。

十一、安全仪表系统全生命周期管理主要包括哪些内容？

安全仪表系统全生命周期管理包括三个阶段内容，分别为安全仪表功能安全完整性等级定级、设计和工程、投用及运行中的的安全完整性保持、验证、停用管理。安全仪表系统的功能安全评估贯穿其整个生命周期。

安全完整性等级定级是在企业工艺技术路线和主体设备设施确定后，采用风险分析方法(如 HAZOP+LOPA 分析)，参照企业可接受风险标准而确定的对安全仪表功能执行成功概率的要求。

十二、为什么要加强安全仪表系统管理?

加强化工安全仪表系统管理，是基于风险管控理论，系统地评估危险化学品生产及储存装置需要哪些安全相关系统，包括物理的、机械的、电子电气的安全保护和安全控制措施、设施需求，并且只有它们都通过生命周期管理实现各自的安全绩效，才能达到要求的风险降低，实现安全生产目标。

安全仪表系统的功能安全是应制造业风险降低的需求，在电子技术、控制技术、通信技术、机械制造技术、集成技术、网络安全技术高速发展的基础上产生的。加强化工安全仪表系统生命周期管理是企业提升安全管理水平，保证安全生产的技术手段，是化工安全生产监管的重要抓手之一。

十三、企业加强安全仪表系统管理的主要要求是什么?

国家安全监管总局《关于加强化工安全仪表系统管理的指导意见》(安监总管三〔2014〕116 号)，对企业加强安全仪表系统管理提出了以下要求：

(1) 企业应加快安全仪表系统功能安全相关技术和管理人才的培养，具备专业技术能力、掌握相关标准规范，满足开展和加强化工安全仪表系统功能安全管理工作的需要。

(2) 新上、改造设计安全仪表系统之前，应明确安全仪表系统过程安全要求、设计意图和依据。要通过过程危险分析，充分辨识危险与危险事件，科学确定必要的安全仪表功能，并根据国家法律法规和标准规范对安全风险进行评估，确定必要的风险降低要求。根据所有安全仪表功能的功能性和完整性要求，编制安全仪表系统安全要求技术文件。

(3) 企业应严格按照安全仪表系统安全要求技术文件设计与实现安全仪表功能。通过仪表设备合理选择、结构约束(冗余容错)、检验测试周期以及诊断技术等手段，优化安全仪表功能设计，确保实现风险降低要求。要合理确定安全仪表功能(或子系统)检验测试周期，需要在线测试时，必须设计在线测试手段与相关措施。详细设计阶段要明确每个安全仪表功能(或子系统)的检验测试周期和测试方法等要求。

(4) 企业应制定完善的安装调试与联合确认计划并保证有效实施，详细记录调试(单台仪表调试与回路调试)、确认的过程和结果，并建立管理档案。施工单位按照设计文件安装调试完成后，企业在投运前应依据国家法律法规、标准规范、行业和企业安全管理规定以及安全要求技术文件，组织对安全仪表系统进行审查和联合确认，确保安全仪表功能具备既定的功能和满足完整性要求，具备安全投用条件。

(5)企业应编制安全仪表系统操作维护计划和规程，保证安全仪表系统能够可靠执行所有安全仪表功能，实现功能安全。

企业应按照符合安全完整性要求的检验测试周期，对安全仪表功能进行定期全面检验测试，并详细记录测试过程和结果。要加强安全仪表系统相关设备故障管理(包括设备失效、联锁动作、误动作情况等)和分析处理，逐步建立相关设备失效数据库。要规范安全仪表系统相关设备选用，建立安全仪表设备准入和评审制度以及变更审批制度，并根据企业应用和设备失效情况不断修订完善。

(6) 企业要制定和完善安全仪表系统相关管理制度或企业内部技术规范，把功能安全管理融入企业安全管理体系，不断提升过程安全管理水平。

加强过程报警管理，制定企业报警管理制度并严格执行。与安全仪表功能安全完整性要求相关的报警可以参照安全仪表功能进行管理和检验测试。

加强基本过程控制系统的管理，与安全完整性要求相关的控制回路，参照安全仪表功能进行管理和检验测试，并保证自动控制回路的投用率。

严格按照相关标准设计和实施有毒有害和可燃气体检测保护系统，为确保其功能可靠，相关系统应独立于基本过程控制系统。

(7) 从2016年1月1日起，大型和外商独资合资等具备条件的化工企业新建涉及"两重点一重大"的化工装置和危险化学品储存设施，要按照本指导意见的要求设计符合相关标准规定的安全仪表系统。

从2018年1月1日起，所有新建涉及"两重点一重大"的化工装置和危险化学品储存设施要设计符合要求的安全仪表系统。其他新建化工装置、危险化学品储存设施安全仪表系统，从2020年1月1日起，应执行功能安全相关标准要求，设计符合要求的安全仪表系统。

涉及"两重点一重大"在役生产装置或设施的化工企业和危险化学品储存单位，要在全面开展过程危险分析(如危险与可操作性分析)基础上，通过风险分析确定安全仪表功能及其风险降低要求，并尽快评估现有安全仪表功能是否满足风险降低要求。

企业应在评估基础上，制定安全仪表系统管理方案和定期检验测试计划。对于不满足要求的安全仪表功能，要制定相关维护方案和整改计划，2019年底前完成安全仪表系统评估和完善工作。其他化工装置、危险化学品储存设施，要参照安监总管三〔2014〕116号文要求实施。

第十二章

职业病危害及其预防措施

一、我国职业病防治的工作方针是什么？机制是什么？

《职业病防治法》第三条规定了我国职业病防治的工作方针，即：坚持预防为主、防治结合的方针，建立用人单位负责、行政机关监管、行业自律、职工参与和社会监督的机制，实行分类管理、综合治理。

《职业病防治法》规定职业病的预防、治疗和保障工作分别主要由安全生产监督管理部门、卫生部门以及劳动和人力资源社会保障部门负责。

二、《职业病防治法》规定用人单位、劳动者在职业病防护方面的权利和义务是什么？

（一）用人单位的义务

（1）用人单位应当为劳动者创造符合国家职业卫生标准和卫生要求的工作环境和条件，并采取措施保障劳动者获得职业卫生保护。

（2）用人单位必须依法参加工伤保险。

（3）用人单位应当对劳动者进行上岗前的职业卫生培训和在岗期间的定期职业卫生培训，普及职业卫生知识，督促劳动者遵守职业病防治法律、法规、规章和操作规程，指导劳动者正确使用职业病防护设备和个人使用的职业病防护用品。

(二) 用人单位的权利

劳动者不履行规定义务的，用人单位应当对其进行教育。

(三) 劳动者的权利

(1) 获得职业卫生教育、培训；

(2) 获得职业健康检查、职业病诊疗、康复等职业病防治服务；

(3) 了解工作场所产生或者可能产生的职业病危害因素、危害后果和应当采取的职业病防护措施；

(4) 要求用人单位提供符合防治职业病要求的职业病防护设施和个人使用的职业病防护用品，改善工作条件；

(5) 对违反职业病防治法律、法规以及危及生命健康的行为提出批评、检举和控告；

(6) 拒绝违章指挥和强令进行没有职业病防护措施的作业；

(7) 参与用人单位职业卫生工作的民主管理，对职业病防治工作提出意见和建议。

(四) 劳动者的义务

(1) 学习和掌握相关的职业卫生知识，增强职业病防范意识；

(2) 遵守职业病防治法律、法规、规章和操作规程，正确使用、维护职业病防护设备和个人使用的职业病防护用品，发现职业病危害事故隐患应当及时报告。

三、《职业病防治法》等法规对用人单位职业病防治管理方面有哪些要求?

(一) 设置或者指定职业卫生管理机构或者组织，配备专职或者兼职的职业卫生管理人员，负责本单位的职业病防治工作

《职业病防治法》第五条规定：用人单位应当建立、健全职业病防治责任制，加强对职业病防治的管理，提高职业病防治水平，对本单位产生的职业病危害承担责任。《工作场所职业卫生监督管理规定》第八条规定：

（1）职业病危害严重的用人单位，应当设置或者指定职业卫生管理机构或者组织，配备专职职业卫生管理人员。

（2）其他存在职业病危害的用人单位，劳动者超过 100 人的，应当设置或者指定职业卫生管理机构或者组织，配备专职职业卫生管理人员；劳动者在 100 人以下的，应当配备专职或者兼职的职业卫生管理人员，负责本单位的职业病防治工作。

（二）制定职业病防治计划和实施方案

《工作场所职业卫生监督管理规定》第十一条要求：存在职业病危害的用人单位应当制定职业病危害防治计划和实施方案。

（三）建立、健全职业卫生管理制度和操作规程

《工作场所职业卫生监督管理规定》第十一条要求：存在职业病危害的用人单位应当制定职业病危害防治计划和实施方案，建立、健全下列职业卫生管理制度和操作规程：

职业病危害防治责任制度、职业病危害警示与告知制度、职业病危害项目申报制度、职业病防治宣传教育培训制度、职业病防护设施维护检修制度、职业病防护用品管理制度、职业病危害监测及评价管理制度、建设项目职业卫生“三同时”管理制度、劳动者职业健康监护及其档案管理制度、职业病危害事故处置与报告制度、职业病危害应急救援与管理制度、岗位职业卫生操作规程，法律、法规、规章规定的其他职业病防治制度。

（四）建立、健全职业卫生档案和劳动者健康监护档案

职业健康监护是指劳动者上岗前、在岗期间、离岗时、应急的职业健康检查和职业健康监护档案管理，并将检查结果书面告知劳动者。

（五）建立、健全工作场所职业病危害因素监测及评价制度

用人单位应当实施由专人负责的职业病危害因素日常监测，并确保监测系统处于正常运行状态。应当按照国务院安全生产监督管理部门的规定，定期对工作场所进行职业病危害因素检测、评价。检测、评价结果存入用人单位职业卫生档案，定期向所在地安全生产监督管理部门报告并向劳动者公布。

(六) 建立、健全职业病危害事故应急救援预案

对可能发生急性职业损伤的有毒、有害工作场所，应当设置报警装置，配置现场急救用品、冲洗设备、应急撤离通道和必要的泄险区。对放射工作场所和放射性同位素的运输、贮存，必须配置防护设备和报警装置。对职业病防护设备、应急救援设施和个人使用的职业病防护用品，应当进行经常性的维护、检修，定期检测其性能和效果，确保其处于正常状态，不得擅自拆除或者停止使用。

四、对工作场所的职业卫生是如何要求的？对职业病危害因素的监测和不达标处置是如何规定的？

(一) 工作场所职业卫生一般要求

(1) 职业病危害因素的强度或者浓度符合国家职业卫生标准。相关的国家职业卫生标准参见《工作场所有害因素职业接触限值》(GBZ 2)和《中华人民共和国国家职业卫生标准》(GBZ 188)；

(2) 有与职业病危害防护相适应的设施；

(3) 生产布局合理，符合有害与无害作业分开的原则；

(4) 有配套的更衣间、洗浴间、孕妇休息间等卫生设施；

(5) 设备、工具、用具等设施符合保护劳动者生理、心理健康的要求；

(6) 法律、行政法规和国务院卫生行政部门、安全生产监督管理部门关于保护劳动者健康的其他要求。

(二) 对使用有毒物品作业场所提出的特殊要求

《使用有毒物品作业场所劳动保护条例》规定了用人单位的使用有毒物品作业场所，除符合《职业病防治法》规定的职业卫生要求外，还必须符合下列要求：

(1) 作业场所与生活场所分开，作业场所不得住人；

（2）有害作业与无害作业分开，高毒作业场所与其他作业场所隔离；

（3）设置有效的通风装置；可能突然泄漏大量有毒物品或者易造成急性中毒的作业场所，设置自动报警装置和事故通风设施；

（4）高毒作业场所设置应急撤离通道和必要的泄险区。

（三）职业病危害因素检测

（1）用人单位应当实施由专人负责的职业病危害因素日常监测，并确保监测系统处于正常运行状态。

（2）用人单位应当按照国务院安全生产监督管理部门的规定，定期对工作场所进行职业病危害因素检测、评价。检测、评价结果存入用人单位职业卫生档案，定期向所在地安全生产监督管理部门报告并向劳动者公布。

（四）不符合处置

（1）发现工作场所职业病危害因素不符合国家职业卫生标准和卫生要求时，用人单位应当立即采取相应治理措施，仍然达不到国家职业卫生标准和卫生要求的，必须停止存在职业病危害因素的作业。

（2）职业病危害因素经治理后，符合国家职业卫生标准和卫生要求的，方可重新作业。

国家职业卫生标准和卫生要求参见《工业企业设计卫生标准》（GBZ 1）。

五、什么是职业病危害告知？职业病危害因素公示方面是如何规定的？

（一）职业病危害告知

职业病危害告知是指用人单位通过与劳动者签订劳动合同、公告、培训等方式，使劳动者知晓工作场所产生或存在的职业病危害因素、防护措施、对健康的影响以及健康检查结果等的行为。

用人单位与劳动者订立劳动合同(含聘用合同，下同)时，应当将工作过程中可能产生的职业病危害及其后果、职业病防护措施和待遇等如实告知劳动者，并在劳动合同中写明，不得隐瞒或者欺骗。

劳动者在已订立劳动合同期间因工作岗位或者工作内容变更，从事与所订立劳动合同中未告知的存在职业病危害的作业时，用人单位应当依照前款规定，向劳动者履行如实告知的义务，并协商变更原劳动合同相关条款。

(二) 危害因素公示

产生职业病危害的用人单位，应当在醒目位置设置公告栏，公布有关职业病防治的规章制度、操作规程、职业病危害事故应急救援措施和工作场所职业病危害因素检测结果。

对产生严重职业病危害的作业岗位，应当在其醒目位置，设置警示标识和中文警示说明。警示说明应当载明产生职业病危害的种类、后果、预防以及应急救治措施等内容。

六、《职业病防治法》对用人单位负责人在职业病防治工作中的要求是什么?

(1) 用人单位的主要负责人对本单位的职业病防治工作全面负责。

(2) 用人单位的主要负责人和职业卫生管理人员应当接受职业卫生培训，遵守职业病防治法律、法规，依法组织本单位的职业病防治工作。

(3) 用人单位未按照规定报告职业病、疑似职业病的，对直接负责的主管人员和其他直接责任人员进行处罚。

(4) 用人单位违反规定，造成重大职业病危害事故或者其他严重后果，构成犯罪的，对直接负责的主管人员和其他直接责任人员，依法追究刑事责任。

七、什么是职业病防护设施？职业病防护设施所需费用如何处置？

（一）职业病防护设施

是指控制或者消除生产过程中产生的职业病危害因素，以阻止职业病危害因素给劳动者健康造成影响的一切措施，是预防和减少职业病危害因素对劳动者健康的损害或者影响，保护劳动者健康的设备、设施、装置、构(建)筑物等的总称。包括用于防尘、防毒、防噪声、防振动、防暑降温、防寒、防潮、防非电离辐射、防电离辐射、防生物危害、人体工效学等职业病防护设施、工程技术、个体防护用品等。

（二）职业病防护设施费用

（1）对新建项目，建设项目的职业病防护设施所需费用纳入建设项目工程预算。

（2）对现有项目，用人单位按照职业病防治要求，用于预防和治理职业病危害、工作场所卫生检测、健康监护和职业卫生培训等费用，按照国家有关规定，在生产成本中据实列支。

八、什么是建设项目职业病防护设施“三同时”？建设单位如何开展“三同时”工作？

（一）职业病防护设施三同时

建设项目的职业病防护设施必须与主体工程同时设计，同时施工，同时投入生产和使用。

（二）“三同时”实施要求和步骤

依据《建设项目职业病防护设施“三同时”监督管理办法》规定：

（1）对可能产生职业病危害的新建、扩建、改建建设项目，建设单位应当在建设项目可行性论证阶段进行职业病危害预评价，编制预评价报告，同时委托编制职业病防护设施设计专篇。

(2) 建设项目职业病防护设施设计经审查同意后，建设项目的生产规模、工艺或者职业病危害因素的种类等发生重大变更的，建设单位应当根据变更的内容，重新进行职业病防护设施设计，并在变更之日起30日内按照本办法规定办理相应的审查手续。

(3) 对职业病危害一般和职业病危害较重的建设项目，建设单位应当在完成职业病防护设施设计专篇评审后，按照有关规定组织职业病防护设施的施工。

(4) 职业病危害一般的建设项目，职业病防护设施由建设单位自行组织竣工验收，并将验收情况报安全生产监督管理部门备案；职业病危害较重的建设项目，职业病防护设施竣工后，由安全生产监督管理部门组织验收；职业病危害严重的建设项目，其职业病防护设施竣工后，由安全生产监督管理部门组织验收。

(5) 职业病防护设施应当由建设单位负责依法组织验收，验收合格后，方可投入生产和使用。安全生产监督管理部门对建设单位组织的验收活动和验收结果进行监督核查。

(6) 建设项目完工后，需要进行试运行的，其配套建设的职业病防护设施必须与主体工程同时投入试运行。

《职业病防治法》第十八条规定：建设项目在竣工验收前，建设单位应当进行职业病危害控制效果评价。

控制效果评价一般在建设项目试运行期间进行，通过对职业病防护设施运行的情况和工作场所的职业病危害因素进行监测，进行控制效果评价。建设项目没有进行试运行的，应当在其完工后进行职业病危害控制效果评价。

九、用人单位个体防护用品的管理有哪些要求？

《职业病防治法》第二十二条规定：用人单位必须采用有效的职业病防护设施，并为劳动者提供个人使用的职业病防护用品。用人单位为劳动者个人提供的职业病防护用品必须符合防治职业病的要求；不符合要求的，不得使用。

《工作场所职业卫生监督管理规定》第十六条规定：用人单位应当为劳动者提供符合国家职业卫生标准的职业病防护用品，并督促、指导劳动者按照使用规则正确佩戴、使用，不得发放钱物替代发放职业病防护用品。

十、职业病危害项目申报方面是如何要求的？

（一）《职业病防治法》第十六条规定：用人单位工作场所存在职业病目录所列职业病危害因素的，应当及时、如实向所在地安全生产监督管理部门申报危害项目，接受监督。

（二）《职业病危害项目申报办法》第八条还规定：用人单位有下列情形之一的，应当按照本条规定向原申报机关申报变更职业病危害项目内容：

（1）进行新建、改建、扩建、技术改造或者技术引进建设项目的，自建设项目竣工验收之日起 30 日内进行申报；

（2）因技术、工艺、设备或者材料等发生变化导致原申报的职业病危害因素及其相关内容发生重大变化的，自发生变化之日起 15 日内进行申报；

（3）用人单位工作场所、名称、法定代表人或者主要负责人发生变化的，自发生变化之日起 15 日内进行申报；

（4）经过职业病危害因素检测、评价，发现原申报内容发生变化的，自收到有关检测、评价结果之日起 15 日内进行申报。

十一、职业病危害事故应急救援方面是如何规定的？

《职业病防治法》第二十五条规定：

(1) 对可能发生急性职业损伤的有毒、有害工作场所,应当设置报警装置,配置现场急救用品、冲洗设备、应急撤离通道和必要的泄险区。

(2) 对放射工作场所和放射性同位素的运输、贮存,必须配置防护设备和报警装置,保证接触放射线的工作人员佩戴个人剂量计。

(3) 对职业病防护设备、应急救援设施和个人使用的职业病防护用品,应当进行经常性的维护、检修,定期检测其性能和效果,确保其处于正常状态,不得擅自拆除或者停止使用。

《使用有毒物品作业场所劳动保护条例》规定:

(1) 从事使用高毒物品作业的用人单位,应当配备应急救援人员和必要的应急救援器材、设备,制定事故应急救援预案,并根据实际情况变化对应急救援预案适时进行修订,定期组织演练。

(2) 从事使用高毒物品作业的用人单位应当设置淋浴间和更衣室,并设置清洗、存放或者处理从事使用高毒物品作业劳动者的工作服、工作鞋帽等物品的专用间。

现场急救用品、冲洗设备配备要求参见《危险化学品单位应急救援物资配备要求》(GB 30077),个人使用的职业病防护用品参见《化工企业劳动防护用品选用及配备》(AQ/T 3048)。

十二、职业病危害事故的上报管理方面是如何规定的?

《工作场所职业卫生监督管理规定》第三十五条规定:用人单位发生职业病危害事故,应当及时向所在地安全生产监督管理部门和有关部门报告,并采取有效措施,减少或者消除职业病危害因素,防止事故扩大。

《用人单位职业健康监护监督管理办法》第十八条规定:职业健康监护中出现新发生职业病(职业中毒)或者两例以上疑似职业病(职业中毒)的,用人单位应当及时向所在地安全生产监督管理部门报告。

十三、法律法规对违法企业进行处罚的情形有哪些？

职业病防治法相关法律法规规定，对违反法律法规要求的生产企业所采取的处罚方式主要有：对用人单位给予警告、责令限期改正、罚款、停止作业、停建、关闭等；对直接负责的主管人员和其他直接责任人员采取的处罚方式主要有降级或者撤职的处分。

《建设项目职业卫生“三同时”监督管理暂行办法》规定的处罚情形：

（1）未按照规定进行职业病危害预评价或者未提交职业病危害预评价报告，或者职业病危害预评价报告未经安全生产监督管理部门备案或者审核同意，开工建设的；

（2）建设项目的职业病防护设施未按照规定与主体工程同时投入生产和使用的；

（3）职业病危害严重的建设项目，其职业病防护设施设计未经安全生产监督管理部门审查，或者不符合国家职业卫生标准和卫生要求，进行施工的；

（4）未按照规定对职业病防护设施进行职业病危害控制效果评价、未经安全生产监督管理部门验收或者验收不合格，擅自投入使用的。

（5）建设项目的选址、生产规模、工艺、职业病危害因素的种类、职业病防护设施发生重大变更时，未对变更内容重新进行职业病危害预评价或者未重新进行职业病防护设施设计并办理有关手续，进行施工的。

（6）建设单位在职业病危害预评价报告、职业病防护设施设计、职业病危害控制效果评价报告评审以及职业病防护设施验收中弄虚作假的。

十四、对用人单位做好员工的职业健康监护工作方面是如何要求的？对那些人员实行特殊保护？

职业健康监护是指劳动者上岗前、在岗期间、离岗时、应急的职业健康检查和职业健康监护档案管理，并将检查结果书面告知劳动者。

(1)《职业病防治法》第三十六条规定：用人单位应当为劳动者建立职业健康监护档案，并按照规定的期限妥善保存。职业健康检查费用由用人单位承担。

(2)《用人单位职业健康监护监督管理办法》第十一条规定，用人单位应当对下列劳动者进行上岗前的职业健康检查：

① 拟从事接触职业病危害作业的新录用劳动者，包括转岗到该作业岗位的劳动者；

② 拟从事有特殊健康要求作业的劳动者。

(3)《用人单位职业健康监护监督管理办法》第十五条规定：对准备脱离所从事的职业病危害作业或者岗位的劳动者，用人单位应当在劳动者离岗前 30 日内组织劳动者进行离岗时的职业健康检查。劳动者离岗前 90 日内的在岗期间的职业健康检查可以视为离岗时的职业健康检查。

用人单位对未进行离岗时职业健康检查的劳动者，不得解除或者终止与其订立的劳动合同。

对未成年人、女职工等特殊人员的保护，《职业病防治法》规定：

(1) 用人单位不得安排未经上岗前职业健康检查的劳动者从事接触职业病危害的作业，不得安排有职业禁忌的劳动者从事其所禁忌的作业。

(2) 用人单位不得安排未成年工从事接触职业病危害的作业，不得安排孕期、哺乳期的女职工从事对本人和胎儿、婴儿有危害的作业。

十五、什么是职业病危害因素？分哪六大类？哪些属于可能产生严重职业病危害的因素？

(1) 职业病危害因素是指劳动者在职业活动中存在的各种有害的化学、物理、生物因素以及在作业过程中产生的其他职业有害因素。

(2)《职业病危害因素分类目录》规定职业病危害因素主要分为粉尘、化学因素、物理因素、放射性因素、生物因素以及其他因素，共六大类。

(3) 根据《建设项目职业病危害分类管理办法》，可能产生严重职业病危害的因素包括下列内容：

①《高毒物品目录》所列化学因素；

② 石棉纤维粉尘、含游离二氧化硅 10%以上粉尘；

③ 放射性因素：辐照加工设备、工业探伤机、甲级开放型放射性同位素工作场所和放射性物质贮存库等装置或场所；

④ 卫生部规定的其他应列入严重职业病危害因素范围的。

因接触危险化学品而造成的职业病危害的种类、后果、预防以及应急救治措施等内容参见相关化学品的 SDS。

十六、什么是职业病？分几大类、有多少种？什么是职业禁忌？

(1) 职业病，是指企业、事业单位和个体经济组织等用人单位的劳动者在职业活动中，因接触粉尘、放射性物质和其他有毒、有害因素而引起的疾病。职业病的分类和目录由国务院卫生行政部门会同国务院安全生产监督管理部门、劳动保障行政部门制定、调整并公布。

(2) 2013 年 12 月 23 日，国家卫生计生委、人力资源社会保障部、安全监管总局、全国总工会 4 部门联合印发《职业病分类和目录》。该《分类和目录》将职业病分为职业性尘肺病及其他呼吸系统疾病、职业性皮肤病、职业性眼病、职业性耳鼻喉口腔疾病、职业性化学中毒、物理因素所致职业病、职业性放射性疾病、职业性传染病、职业性肿瘤、其他职业病 10 类 132 种。

(3) 职业禁忌，是指劳动者从事特定职业或者接触特定职业病危害因素时，比一般职业人群更易于遭受职业病危害和罹患职业病或者可能导致原有自身疾病病情加重，或者在从事作业过程中诱发可能导致对他人生命健康构成危险的疾病的个人特殊生理或者病理状态。

十七、企业在做好职业病预防工作方面可采取的管理措施有哪些？

(1) 加强工艺设备管理，定期对易产生泄漏的设备、管线、阀门等组织检修和维护，杜绝或减少跑、冒、滴、漏。

(2) 按照《工作场所职业病危害警示标识》(GBZ 158)设置警示线和警示标识，存在一般毒物的工作场所设置黄色区域警示线、警示标识。存在高毒物品的工作场所设置红色区域警示线、警示标识。按照《高毒物品作业岗位职业病危害告知规范》(GBZ/T 203)，在高毒作业岗位设置职业危害告知卡。

(3) 根据作业人员接触职业危害因素的具体情况，为员工提供符合国家标准的适用的职业防护用品，并建立使用台账。明确应当佩戴劳动防护用品的有毒有害作业。加强劳动防护用品使用情况的监督检查，凡不按规定使用劳动防护用品的人员禁止从事相关作业。

(4) 不符合国家职业卫生标准和健康要求的工作场所应立即采取措施，加强现场作业防护，提出整改方案，积极进行治理。严重超标且危害严重又不能及时整改的生产工作场所，必须停止生产运行，采取补救措施，控制和减少职业危害。

(5) 做好防尘、防毒、防射线、防噪声、防高温和防氮气窒息等防护设施的使用、维护和检查等，确保其处于完好状态，不得擅自拆除或停止使用。

(6) 在可能发生急性职业危害的工作场所设置报警设施、冲洗设施、防护急救器具专柜，设置应急撤离通道和必要的泄险区，同时做好定期检查和记录。

(7) 在车间醒目位置设置公告栏，告知员工工作场所存在的职业危害因素名称、化学性质、健康危害及急救措施。

(8) 有可能发生急性中毒事故的生产装置，在制定停开工检修方案时，应同时制定职业危害因素防护措施，确定检维修现场的职业健康监护范围和要点。加强检维修作业人员个人职业防护用品的配备，监督检查现场冲洗设施等职业防护设施完好情况。

(9) 根据检维修现场情况，随时掌握现场职业危害因素浓度，及时做好防护工作，落实检维修现场职业危害因素的监测监控。

(10) 做好检维修开工前的职业防护设施检查验收，重点对检维修后放射源的防护装置，防尘、防毒、防噪声、防高温设施的整改等情况进行系统检查确认，减少开车运行时的意外职业伤害。

(11) 不接受外单位产生的存在严重职业危害因素的设备和作业。

(12) 可能造成职业病或职业中毒的作业环境、导致职业危害事故发生或扩大的职业健康隐患，必须纳入单位安全隐患治理计划。

十八、预防职业病危害的技术措施主要有哪些?

(一) 生产环境的控制措施

从职业卫生和安全角度考虑生产过程和设备，正确选择厂址，合理安排车间布局等；消除或控制产生职业危害因素的操作环节；隔离和密闭，例如使用管道化生产、自动加料、机械包装等；合理的通风装置，例如用局部抽风装置排除毒物等；湿式作业，例如水磨石英粉、使用湿式风钻开掘岩洞等；保持车间整洁，加强设备维修；安全贮运，有毒产品贴毒品标签及处理说明。

(二) 控制、减弱职业危害因素的强度控制

减弱职业病危害因素的强度，主要包括：体力劳动负荷限量，生产环境气象条件，工业噪声、振动，高频电磁场与微波，作业现场空气中毒物、粉尘的最高容许浓度等卫生标准。

(三) 工艺技术措施

(1) 改革工艺

从生产工艺流程中消除有毒物质，用无毒物质代替有毒物质，以无职业性危害物质产生的新工艺、新材料代替有职业性危害物质产生的工艺过程和原材料。

《职业病防治法》第二十三条规定：用人单位应当优先采用有利于防治职业病和保护劳动者健康的新技术、新工艺、新设备、新材料，逐步替代职业病危害严重的技术、工艺、设备、材料。

淘汰的设备、工艺、技术可参见《国家安全监管总局关于印发淘汰落后安全技术工艺、设备目录(2016 年)的通知》和《国家安全监管总局关于印发淘汰落后安全技术装备目录(2015 年第一批)的通知》。

(2) 密闭

对于散发有害物质的生产过程，要尽量采用先进技术和工艺过程，以减轻劳动强度，避免开放式生产，消除毒物逸散的条件。有可能时，采用遥控或程控，最大限度地减少工人接触毒物的机会。采用新技术、新方法、亦可从根本上控制毒物的逸散。

(3) 尽可能地提高生产过程的自动化程度

以机械化生产代替手工或半机械化生产，采用隔离操作(将有害物质和操作者分离)、仪表控制(自动化控制)。

(4) 通风排毒

用通风的方法将逸散的毒物排出，经常采用的通风方式有局部排风、全面通风换气。局部排风是在不能密封的害物质发生源近旁设置吸风罩，将有害物质从发生源处直接抽走；全面通风换气是利用新鲜空气置换作业场所内含有害物质的空气，以保持作业场所空气中有害物质浓度低于国家卫生标准。

(5) 革新生产设备，采用湿式作业

采用风力运输、负压吸砂、吸风风选等消除粉尘飞扬。湿式作业是一种经济易行的防止粉尘飞扬的有效措施。

（6）做好密闭、吸风、除尘

对不能采用湿式作业的，应采用密闭吸风除尘办法。凡能产生粉尘的设备均应尽可能密闭，并和局部抽出式机械通风相结合，使密闭系统内保持一定的负压，防止粉尘外逸。抽出的含尘空气应经除尘处理再排人大气中。

（7）建筑布局卫生

不同生产工序的布局，不仅要满足生产上的需要，而且要考虑卫生上的要求。有毒物逸散的作业，应设在单独房间内，以避免相互影响。可能发生剧毒物质泄漏的生产设备应隔离。使用容易积存或吸附于墙壁、地面等处的毒物(如汞)，或能发生有毒粉尘飞扬的工房，其内部装饰应符合卫生要求。

（8）隔绝热源

采用隔热材料或水隔热等方法将热源密封，可以起到防止高温、热辐射对人体的不良伤害。

（9）屏蔽辐射源

使用吸收电磁辐射的材料屏蔽隔射源，减少辐射源的直接辐射作用，是放射性防护中的基本方法。

（10）隔、吸声

对于噪声污染严重的作业场所，采取措施将噪声源与操作者隔离；用吸入材料将产生噪声设备密闭，减少产生噪声设备的振动等，可以大大减弱噪声污染。

十九、什么是安全警示标识和职业病危害警示标识？适用哪些场所？哪些场所需要配备职业病危害告知卡？

（1）安全警示标识和职业病危害警示标识是指在工作场所中设置的可以提醒劳动者对作业安全及职业病危害产生警觉并采取相应防护措施的图形标识、警示线、警示语句和文字说明以及组合使用的标识等。

根据《安全标志及其使用导则》(GB 2894)规定，安全标志类型分禁止标志、警告标志、指令标志和提示标志四大类型。

禁止标志提醒人们禁止进行标志所提及的不安全行为。禁止标志基本型式是带斜杠的圆边框，圆边框为红色。

警告标志提醒人们对周围环境引起注意，以避免可能发生危险。警告标志基本型式是正三角形边框，黄底黑框。

指令标志强制人们必须做出某种动作或采用防范措施的图形标志。指令标志基本型式是圆形边框，底色为蓝色。

提示标志向人们提供某种信息(如标明安全设施或场所等)。提示标志基本型式是正方形边框，底色为绿色。

(2)《安全标志及其使用导则》(GB 2894)规定，安全标志适用于公共场所、工业企业、建筑工地和其他有必要提醒人们注意安全的场所。

《工作场所职业病危害警示标识》(GBZ 158)规定，存在或者产生职业病危害的工作场所、作业岗位、设备、设施，应当在醒目位置设置图形、警示线、警示语句等警示标识和中文警示说明。警示说明应当载明产生职业病危害的种类、后果、预防和应急处置措施等内容。

《用人单位职业病危害告知与警示标识管理规范》进一步规定了安全警示标识的适用场所：产生职业病危害的工作场所，应当在工作场所入口处及产生职业病危害的作业岗位或设备附近的醒目位置设置警示标识。

(3)《使用有毒物品作业场所劳动保护条例》要求：在使用高毒物品作业岗位醒目位置设置《职业病危害告知卡》。《告知卡》包括有毒物品的通用提示栏、有毒物品名称、健康危害、警告标识、指令标识、应急处理和理化特性等内容。

二十、根据《职业病诊断鉴定管理办法》及《职业病分类和目录》确诊的职业病人享受什么待遇？

劳动者被诊断为职业病，依照《职业病防治法》和《工伤保险条例》的规定，享受相应待遇。所在单位参加了工伤保险的，分别由工伤保险基金和用人单位支付相应待遇；未参加工伤保险的，其待遇由用人单位支付。

第十三章 应急管理

一、我国突发事件应急管理体制是什么？事故应急处置的理念和原则是什么？

国家建立统一领导、综合协调、分类管理、分级负责、属地管理为主的应急管理体制。

“以人为本、安全第一、生命至上”和“不抛弃、不放弃”的理念，坚持“属地为主、条块结合、精心组织、科学施救”的原则，在确保救援人员安全的前提下实施救援，全力以赴搜救遇险人员，精心救治受伤人员，妥善处理善后，有效防范次生衍生事故。

二、应急管理的建设内容有哪些？

事故应急管理的内涵，包括预防、预备、响应和恢复四个阶段。预防工作就是从应急管理的角度，防止紧急事件或事故发生，避免应急行动。预备又称准备，是在应急发生前进行的工作，主要为了建立应急管理能力；它把目标集中在发展应急操作计划及系统上。响应又称反应，是事故发生之前以及事故期间和事故后立即采取的行动；响应的目的，是通过发挥预警、疏散、搜寻和营救以及提供避难所和医疗服务等紧急事物功能，使人员伤亡及财产损失减少到最小。恢复工作应在事故发生后立即进行，它首先使事故影响地区恢复最起码的服务，然后继续努力，使社区恢复到正常状态；要求立即开展的恢复工作包括事故损失评估，清理废墟、食品供应、提供避难所和其他装备；长期恢复工作包括厂区重建和社区的再发展以及实施安全减灾计划。

三、我国突发事件分为哪几类？几个级别？

《中华人民共和国突发事件应对法》中规定我国突发事件分为自然灾害、事故灾难、公共卫生事件和社会安全事件，四种类型。

按照社会危害程度、影响范围等因素，自然灾害、事故灾难、公共卫生事件又分为特别重大、重大、较大和一般四个级别。

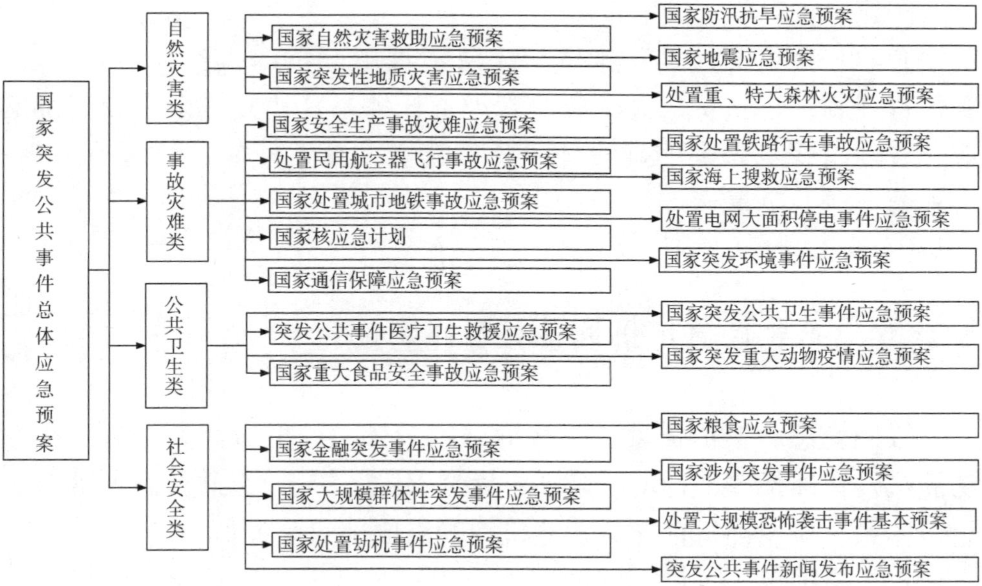

四、我国法律法规对企业应急管理的要求有哪些？

《中华人民共和国突发事件应对法》中规定，矿山、建筑施工单位和易燃易爆物品、危险化学品、放射性物品等危险物品的生产、经营、储运、使用单位，应当制定具体应急预案，并对生产经营场所、有危险物品的建筑物、构筑物及周边环境开展隐患排查，及时采取措施消除隐患，防止发生突发事件。

《安全生产法》第十八条规定企业主要负责人要组织制定并实施本单位的生产安全事故应急救援预案。

《危险化学品安全管理条例》中规定危险化学品单位应当制定本单位危险化学品事故应急预案，配备应急救援人员和必要的应急救援器材、设备，并定期组织应急救援演练。

《生产安全事故应急预案管理办法》(国家安监总局令第 88 号)规定生产经营单位主要负责人负责组织编制和实施本单位的应急预案，并对应急预案的真实性和实用性负责；各分管负责人应当按照职责分工落实应急预案规定的职责。

企业主要负责人是安全生产应急管理第一责任人，应建立应急、工作责任制，建立安全生产应急管理责任体系，建立健全企业内部的应急管理组织，做到明确责任、各负其责，真正使应急管理有人抓、有人管、有人负责。

五、企业应急组织体系有哪些构成？

按照应急救援的需要，事故应急组织体系一般分为 5 个核心应急功能机构，即指挥、行动、策划、后勤保障、资金/行政。企业的应急组织体系，应明确每个应急功能机构的组成部门和人员。

每个指挥组，下设不同的工作小组。如现场指挥可以下设应急处置组、消防气防组、抢险组、现场恢复组等。

六、企业应急预案体系的构成有哪些？

按灾害类别划分。应急预案分为自然灾害、事故灾难、公共卫生事件、社会安全事件。

按预案功能划分。根据 GB/T 29639—2013《生产经营单位生产安全事故应急预案编制导则》划分，企业的应急预案分为综合应急预案、专项应急预案和现场处置方案。

（1）综合应急预案，是指生产经营单位为应对各种生产安全事故而制定的综合性工作方案，规定应急组织机构及其职责、应急预案体系、事故风险描述、预警及信息报告、应急响应、保障措施、应急预案管理等内容，明确相关各方的职责和任务。是本单位应对生产安全事故的总体工作程序、措施和应急预案体系的总纲。

（2）专项应急预案，是指生产经营单位为应对某一种或者多种类型生产安全事故，或者针对重要生产设施、重大危险源、重大活动防止生产安全事故而制定的专项性工作方案，应当规定应急指挥机构与职责、处置程序和措施等内容。

（3）现场处置方案，是指生产经营单位根据不同生产安全事故类型，针对具体场所、装置或者设施所制定的应急处置措施。现场处置方案应当规定应急工作职责、应急处置措施和注意事项等内容。

企业应当在编制应急预案的基础上，针对工作场所、岗位的特点，编制简明、实用、有效的应急处置卡。应急处置卡应当规定重点岗位、人员的应急处置程序和措施，以及相关联络人员和联系方式，便于从业人员携带。

七、我国突发事件响应级别是如何划分的？如何标示？

按照各类突发公共事件性质、严重程度、可控性和影响范围等因素，《国家突发公共事件总体应急预案》将突发公共事件分为四级：Ⅰ级（特别重大）、Ⅱ级（重大）、Ⅲ级（较大）和Ⅳ级（一般）。分别用红色、橙色、黄色和蓝色标示，一级为最高级别。

（1）出现下列情况之一启动Ⅰ级响应：

① 造成30人以上死亡(含失踪)，或危及30人以上生命安全，或者100人以上中毒(重伤)，或者直接经济损失1亿元以上的特别重大安全生产事故灾难。

② 需要紧急转移安置10万人以上的安全生产事故灾难。

③ 超出省(区、市)人民政府应急处置能力的安全生产事故灾难。

④ 跨省级行政区、跨领域(行业和部门)的安全生产事故灾难。

⑤ 国务院领导同志认为需要国务院安委会响应的安全生产事故灾难。

(2) 出现下列情况之一启动Ⅱ级响应：

① 造成10人以上、30人以下死亡(含失踪)，或危及10人以上、30人以下生命安全，或者50人以上、100人以下中毒(重伤)，或者直接经济损失5000万元以、1亿元以下的特大安全生产事故灾难。

② 超出市(地、州、盟)人民政府应急处置能力的安全生产事故灾难。

③ 跨市、地级行政区的安全生产事故灾难。

④ 省(区、市)人民政府认为有必要响应的安全生产事故灾难。

(3) 出现下列情况之一，启动Ⅲ级响应：

① 造成3人以上、10人以下死亡(含失踪)，或危及10人以上、30人以下生产安全，或者30人以上、50人以下中毒(重伤)，或者直接经济损失较大的安全生产事故灾难。

② 超出县级人民政府应急处置能力的安全生产事故灾难。

③ 发生跨县级行政区安全生产事故灾难。

④ 市(地、州、盟)人民政府认为有必要响应的安全生产事故灾难。

(4) 发生或者可能发生一般事故时启动Ⅳ级响应。

应急响应和事故预警存在一定的差别，预警级别是动态的，根据事件信息和事件的变化，预警级别应当及时进行调整。

八、企业应急预案编制有哪些步骤？

《生产安全事故应急预案管理办法》（国家安全监管总局令第88号）规定，生产安全事故应急预案（以下简称应急预案）的编制要经过成立编制工作小组、开展事故风险评估、应急资源调查、预案编制、评审、发布、备案、培训、演练和修订等过程。

其中，企业在编制应急预案前，应当进行事故风险评估和应急资源调查。事故风险评估，是指针对不同事故种类及特点，识别存在的危险危害因素，分析事故可能产生的直接后果以及次生、衍生后果，评估各种后果的危害程度和影响范围，提出防范和控制事故风险措施的过程。应急资源调查，是指全面调查本地区、本单位第一时间可以调用的应急资源状况和合作区域内可以请求援助的应急资源状况，并结合事故风险评估结论制定应急措施的过程。

九、企业编制的应急预案中，要明确的先期处置的基本工作内容是什么？

企业编制的应急预案中要明确，发生事故或险情后，企业要立即启动相关应急预案，在确保安全的前提下组织抢救遇险人员，控制危险源，封锁危险场所，杜绝盲目施救，防止事态扩大；要明确并落实生产现场带班人员、班组长和调度人员直接处置权和指挥权，在遇到险情或事故征兆时立即下达停产撤人命令，组织现场人员及时、有序撤离到安全地点，减少人员伤亡。

十、企业在应急预案编制过程中应该注意什么？

（1）企业应成立以单位主要负责人（或分管安全生产工作的领导）

为组长，相关部门人员参加的应急预案编制工作组，明确编制任务、职责分工，制定工作计划，组织开展应急预案编制工作。

(2) 应急预案应当包括向上级应急管理机构报告的内容、应急组织机构和人员的联系方式、应急物资储备清单等附件信息。附件信息发生变化时，应当及时更新，确保准确有效。

(3) 应当根据法律、法规、规章的规定或者实际需要，征求相关应急救援队伍、公民、法人或其他组织的意见。

(4) 编制的各类应急预案之间应当相互衔接，并与相关人民政府及其部门、应急救援队伍和涉及的其他单位的应急预案相衔接。

十一、应急预案的发布过程是如何规定的?

为确保应急预案的科学性、合理性以及与实际情况的符合性，预案编制单位或管理部门应依据有关法规和规范性文件，组织对编制的应急预案进行评审。

(1) 矿山、金属冶炼、建筑施工企业和易燃易爆物品、危险化学品的生产、经营(带储存设施的，下同)、储存企业，以及使用危险化学品达到国家规定数量的化工企业、烟花爆竹生产、批发经营企业和中型规模以上的其他企业，应当对本单位编制的应急预案进行评审，并形成书面评审纪要。

(2) 参加应急预案评审的人员应当包括有关安全生产及应急管理方面的专家。

(3) 企业的应急预案经评审或者论证后，由本单位主要负责人签署公布，并及时发放到本单位有关部门、岗位和相关应急救援队伍。

十二、企业应急预案备案是如何规定的?

企业应当在应急预案公布之日起 20 个工作日内，按照分级属地原则，向安全生产监督管理部门和有关部门进行告知性备案。

中央企业总部(上市公司)的应急预案，报国务院主管的负有安全生产监督管理职责的部门备案，并抄送国家安全生产监督管理总局；其所属单位的应急预案报所在地的省、自治区、直辖市或者设区的市级人民政府主管的负有安全生产监督管理职责的部门备案，并抄送同级安全生产监督管理部门。

不在上述范围内企业的应急预案，按照隶属关系报所在地县级以上地方人民政府安全生产监督管理部门备案。

油气输送管道运营单位的应急预案，除按照上述规定备案外，还应当抄送所跨行政区域的县级安全生产监督管理部门。

十三、企业如何实施应急预案?

(1) 开展应急预案的宣传和培训。

企业应当采取多种形式开展应急预案、应急知识的宣传教育，普及生产安全事故避险、自救和互救知识；开展避险逃生技能的培训活动，使员工了解和熟悉应急职责、应急处置程序和措施，提高员工的安全意识与应急处置技能。

企业要将应急知识培训作为岗位从业人员的必修课并进行考核，建立健全适应企业自身发展的应急培训与考核制度，确保应急培训和考核效果。将考核结果与员工绩效挂钩，实行企业与员工在应急培训考核上双向盖章、签字管理，严禁形式主义和弄虚作假，切实做到企业每发展一步，应急培训就跟进一课，考核就进行一次，始终保持应急培训和考核的规范化、制度化。

应急培训的时间、地点、内容、师资、参加人员和考核结果等情况应当如实记入本单位的安全生产教育和培训档案。

(2) 定期组织演练。

应急预案演练是检验应急预案和完善应急准备的一项重要工作，

对于评估应急准备状态，检验应急人员实际操作水平，发现并及时修改应急预案中的缺陷和不足等具有重要意义。企业应当制定本单位的应急预案演练计划，根据本单位的事故风险特点，每年至少组织一次综合应急预案演练或者专项应急预案演练，每半年至少组织一次现场处置方案演练。

(3) 组织演练效果评估。

应急预案演练结束后，企业应当对应急预案演练效果进行评估，撰写应急预案演练评估报告，分析存在的问题，并对应急预案提出修订意见。对于演练工作中提出的，一时难于整改的问题，演练组织单位应督促相关部门和人员，制定整改计划，明确整改目标，制定整改措施，落实整改资金，并跟踪督查整改情况。

(4) 定期对应急预案进行评估。

企业应当建立应急预案定期评估制度，对预案内容的针对性和实用性进行分析，并对应急预案是否需要修订作出结论。

矿山、金属冶炼、建筑施工企业和易燃易爆物品、危险化学品等危险物品的生产、经营、储存企业、使用危险化学品达到国家规定数量的化工企业、烟花爆竹生产、批发经营企业和中型规模以上的其他生产经营单位，应当每三年进行一次应急预案评估。

在企业应急人员经验不足时，应急预案评估可以邀请相关专业机构或者有关专家、有实际应急救援工作经验的人员参加，必要时可以委托安全生产技术服务机构实施。

(5) 应急预案修订和重新备案。

有下列情形之一的，应急预案应当及时修订并归档：

① 依据的法律、法规、规章、标准及上位预案中的有关规定发生重大变化的；

② 应急指挥机构及其职责发生调整的；

③ 面临的事故风险发生重大变化的；

④ 重要应急资源发生重大变化的；

⑤ 预案中的其他重要信息发生变化的；

⑥ 在应急演练和事故应急救援中发现问题需要修订的；

⑦ 编制单位认为应当修订的其他情况。

修订后的应急预案，应按照有关应急预案报备程序重新备案。

十四、应急预案演练分为几种类型？

（一）桌面演练

桌面演练通常在室内完成，是指参演人员利用地图、沙盘、流程图、计算机模拟、视频会议等辅助手段，针对事先假定的演练情景，讨论和推演应急决策及现场处置的过程，从而促进相关人员掌握应急预案中所规定的职责和程序，提高指挥决策和协同配合能力。

桌面演练的主要作用是使演练人员在检查和解决应急预案中存在的问题的同时，获得一些建设性的讨论结果，并锻炼演练人员解决问题的能力，解决应急组织相互协作和职责划分的问题。

（二）实战演练

实战演练是指事先设置突发事件情景及其后续发展情景，参演人员调集可利用的应急资源，针对应急预案中的部分或所有应急功能，通过实际决策、行动和操作，完成真实应急响应的过程，从而检验和提高相关人员的临场组织指挥、队伍调动、应急处置和后勤保障等应急能力的演练活动。

实战演练的场面较大、真实、复杂，为保证演练的正常进行和现场秩序的稳定，需要进行充分准备。

（三）单项演练

单项演练是指为检验和评价应急预案中特定应急响应功能，或现场处置方案中一系列应急响应功能而进行的演练活动，主要针对一个或少数几个特定环节和功能进行检验。

单项演练除了可以像模拟实战一样在应急指挥中心内举行，还可以同时开展小规模的现场演练，调用有限的应急资源，主要目的是针对特定的应急响应功能，检验应急人员以及应急救援系统的响应能力。

(四) 综合演练

综合演练是针对应急预案中全部或者大部分应急功能，为检验、评价应急救援体系进行整体应急处置能力的演练活动。综合演练要求应急预案涉及的组织单位、部门都要参加，以检验他们之间协调联动机制，检验各个组织机构在紧急情况下能否充分调用现有的人力、物力等各类资源来有效控制事故并减轻事故带来的严重后果，确保人员人身财产安全。

综合演练涉及较多的应急组织部门和各类资源，演练内容多，通常要进行比较细致的策划和工作准备。

十五、企业应急保障物资配备有何要求?

危险化学品生产和储存企业应按照现行国标《危险化学品单位应急救援物资配备要求》(GB 30077)的详细规定，配备应急救援物资，危险化学品使用、经营、运输和处置废弃单位可参照执行。GB 30077标准中规定的是危险化学品单位应急救援物资配备的最低要求，企业可根据实际情况增配应急救援物资的种类和数量。

危险化学品单位分为3类，危险化学品单位类别根据从业人数、营业收入和危险化学品重大危险源级别划分，具体划分方法见表1。

表1　危险化学品单位划分一览表

企业规模	危险化学品重大危险源级别			
	一级危险化学品重大危险源	二级危险化学品重大危险源	三级危险化学品重大危险源	四级危险化学品重大危险源
从业人数300人以下或营业收入2000万元以下	第二类危险化学品单位	第三类危险化学品单位	第三类危险化学品单位	第三类危险化学品单位

续表

企业规模	危险化学品重大危险源级别			
	一级危险化学品重大危险源	二级危险化学品重大危险源	三级危险化学品重大危险源	四级危险化学品重大危险源
从业人数300人以上1000人以下或营业收入2000万元以上40000万元以下	第二类危险化学品单位	第二类危险化学品单位	第二类危险化学品单位	第三类危险化学品单位
从业人数1000人以上或营业收入40000万元以上	第一类危险化学品单位	第二类危险化学品单位	第二类危险化学品单位	第二类危险化学品单位

注1：表中所称的“以上”包括本数，所称的“以下”不包括本数。

注2：没有危险化学品重大危险源的危险化学品单位可作为第三类危险化学品单位。

企业应急救援队伍抢险救援车辆按规定数量配备。见表2。生产、储存剧毒或高毒危险化学品的单位宜配备气体防护车。

表2　危险化学品单位抢险救援车辆配备情况

危险化学品单位级别	第一类危险化学品单位	第二类危险化学品单位	第三类危险化学品单位
抢险救援车辆数量/台	≥3	1~2	0~1

十六、企业应急救援队伍配备有何要求？

《安全生产法》第七十六条规定，“鼓励生产经营单位和其他社会力量建立应急救援队伍，配备相应的应急救援装备和物资，提高应急救援的专业化水平。”

《突发事件应对法》第二十六条规定，“单位应当建立由本单位职工组成的专职或者兼职应急救援队伍。”

企业建立的专(兼)职应急救援队伍，在事故发生时，能够在第一时间迅速、有效地投入救援与处置工作，防止事故进一步扩大，最大限度地减少人员伤亡和财产损失。在无法建立专(兼)职应急救援队伍的情况下，应与邻近的专职应急救援队伍签订救援协议，确保事故状态下能够有专业救援队伍到场开展应急处置。

十七、企业如何应对突发事件中的舆情危机?

企业要做好信息发布和舆论引导工作。要高度重视突发事件的信息发布、舆论引导和舆情分析工作，加强对相关信息的核实、审查和管理，为积极稳妥地处置突发事件营造良好的舆论环境。坚持及时准确、主动引导的原则和正面宣传为主的方针，完善信息发布制度和新闻发言人制度，建立健全重大突发事件新闻报道快速反应机制、舆情收集和分析机制，把握正确的舆论导向。

十八、应急管理不到位，面临的处罚有哪几种?

《中华人民共和国突发事件应对法》(中华人民共和国主席令第六十九号)规定，企业有下列情形之一的，由所在地履行统一领导职责的人民政府责令停产停业，暂扣或者吊销许可证或者营业执照，并处经济罚款。

(1) 未按规定采取预防措施，导致发生严重突发事件的;

(2) 未及时消除已发现的可能引发突发事件的隐患，导致发生严重突发事件;

(3) 日常维护、检测工作，导致发生严重突发事件或者突发事件危害扩大的;

(4) 突发事件发生后，不及时组织开展应急救援工作，造成严重后果的。

《生产安全事故应急预案管理办法》(国家安监总局令第 88 号)规

定生产经营单位有下列情形之一的，由县级以上安全生产监督管理部门依照《中华人民共和国安全生产法》第九十四条的规定，责令限期改正或处罚：

（1）未按照规定编制应急预案的；

（2）未按照规定定期组织应急预案演练的。

（3）在应急预案编制前未按照规定开展风险评估和应急资源调查的；

（4）未按照规定开展应急预案评审或者论证的；

（5）未按照规定进行应急预案备案的；

（6）事故风险可能影响周边单位、人员的，未将事故风险的性质、影响范围和应急防范措施告知周边单位和人员的；

（7）未按照规定开展应急预案评估的；

（8）未按照规定进行应急预案修订并重新备案的；

（9）未落实应急预案规定的应急物资及装备的。

第十四章 事故和事件管理

一、什么是事故？生产安全事故是如何分级的？

事故是指生产经营活动中发生的造成人身伤亡或者直接经济损失的生产安全事故。

根据生产安全事故（以下简称事故）造成的人员伤亡或者直接经济损失，事故一般分为以下等级：

（1）特别重大事故，是指造成30人以上死亡，或者100人以上重伤（包括急性工业中毒，下同），或者1亿元以上直接经济损失的事故；

（2）重大事故，是指造成10人以上30人以下死亡，或者50人以上100人以下重伤，或者5000万元以上1亿元以下直接经济损失的事故；

（3）较大事故，是指造成3人以上10人以下死亡，或者10人以上50人以下重伤，或者1000万元以上5000万元以下直接经济损失的事故；

（4）一般事故，是指造成3人以下死亡，或者10人以下重伤，或者1000万元以下直接经济损失的事故。

二、企业应该对事故如何管理？

企业要根据《中华人民共和国安全生产法》等国家相关法律、法规和标准的要求，制定本企业的事故管理制度。管理制度中，应规定事故上报、调查、处理程序和要求。事故发生后，要按照事故等级、分类时限，上报政府有关部门，并按照相关规定，积极配合政府有关部门开展事故调查工作。

三、发生生产安全事故后，如何报告事故？

事故发生后，事故现场有关人员应当立即向本单位负责人报告；单位负责人接到报告后，应当于 1 小时内向事故发生地县级以上人民政府安全生产监督管理部门和负有安全生产监督管理职责的有关部门报告，不得隐瞒不报、谎报或者迟报。

情况紧急时，事故现场有关人员可以直接向事故发生地县级以上人民政府安全生产监督管理部门和负有安全生产监督管理职责的有关部门报告。

报告事故应当包括下列内容：

（1）事故发生单位概况；

（2）事故发生的时间、地点以及事故现场情况；

（3）事故的简要经过；

（4）事故已经造成或者可能造成的伤亡人数（包括下落不明的人数）和初步估计的直接经济损失；

（5）已经采取的措施；

（6）其他应当报告的情况。

事故报告后出现新情况的，应当及时补报。自事故发生之日起 30 日内，事故造成的伤亡人数发生变化的，应当及时补报。道路交通事故、火灾事故自发生之日起 7 日内，事故造成的伤亡人数发生变化的，应当及时补报。

四、发生事故后，该如何进行事故抢救？

企业负责人接到事故报告后，应当立即启动生产安全事故应急预案，迅速采取有效措施，组织抢救，防止事故扩大。组织本单位应急救援队伍和工作人员营救受害人员，疏散、撤离、安置受到威胁的人员；控制危险源，标明危险区域，封锁危险场所，采取其他防止危害扩大的必要措施；发生重大事故时，企业负责人应直接指挥，安全技术、设备动力、生产、防火、保卫等部门应协助做好现场抢救和警戒工作，保护事故现场。

对有害物大量外泄的事故或火灾事故现场，必须设警戒线，抢救人员应佩戴好防护器具，对中毒、烧伤、烫伤等人员应及时进行抢救处理。

有关地方人民政府和负有安全生产监督管理职责的部门的负责人接到生产安全事故报告后，应当按照生产安全事故应急救援预案的要求立即赶到事故现场，组织事故抢救。

参与事故抢救的部门和单位应当服从统一指挥，加强协同联动，采取有效的应急救援措施，并根据事故救援的需要采取警戒、疏散等措施，防止事故扩大和次生灾害的发生，减少人员伤亡和财产损失。

事故抢救过程中应当采取必要措施，避免或者减少对环境造成的危害。任何单位和个人都应当支持、配合事故抢救，并提供一切便利条件。

五、不同级别的事故调查权限是如何规定的?

特别重大事故由国务院或者国务院授权有关部门组织事故调查组进行调查。

重大事故、较大事故、一般事故分别由事故发生地省级人民政府、设区的市级人民政府、县级人民政府负责调查。省级人民政府、设区的市级人民政府、县级人民政府可以直接组织事故调查组进行调查，也可以授权或者委托有关部门组织事故调查组进行调查。

未造成人员伤亡的一般事故，县级人民政府也可以委托事故发生单位组织事故调查组进行调查。

对于中央企业发生的事故，事故发生地的上级安全生产监督管理部门认为必要时，可以提请本级人民政府决定提级调查。

事故发生地与事故发生单位不在同一个县级以上行政区域，事故发生地安全生产监督管理部门认为开展事故调查确有困难的，可以报告本级人民政府提请上一级人民政府决定提级调查。

六、事故调查的原则是什么？

事故调查处理应坚持“四不放过”和“科学严谨、依法依规、实事求是、注重实效”的原则，及时、准确地查清事故原因，查明事故性质和责任，总结事故教训，提出整改措施，并对事故责任者提出处理意见。

事故调查处理“四不放过”即事故原因不查清不放过，防范措施不落实不放过，职工群众未受到教育不放过，事故责任者未受到处理不放过。

七、企业该如何配合事故调查？

事故发生后，有关单位和人员应当妥善保护事故现场以及相关证据，任何单位和个人不得破坏事故现场、毁灭相关证据。因抢救人员、防止事故扩大以及疏通交通等原因，需要移动事故现场物件的，应当做出标志，绘制现场简图并做出书面记录，妥善保存现场重要痕迹、物证。

事故调查组有权向有关单位和个人了解与事故有关的情况，并要求其提供相关文件、资料，有关单位和个人不得拒绝。

事故发生单位的负责人和有关人员在事故调查期间不得擅离职守，并应当随时接受事故调查组的询问，如实提供有关情况。

任何单位和个人不得阻挠和干涉对事故的依法调查处理。

八、事故发生后，企业该如何分析事故原因?

事故发生后，企业要根据国家相关法律、法规和标准的规定，运用科学的事故分析手段，深入剖析事故事件的根原因，找出安全管理体系的漏洞，从整体上提出整改措施，改善安全管理体系。

九、企业该如何汲取事故教训?

企业完成事故(事件)调查后，要及时全面落实防范措施，组织开展内部分析交流，汲取事故(事件)教训，防止事故再次发生。防范和整改措施的落实情况应当接受工会和职工的监督。负有安全生产监督管理职责的部门应当加强监督检查防范和整改措施的落实情况。

企业要重视外部事故信息收集工作，认真吸取同类企业、装置的事故教训，提高安全意识和防范事故能力。事故发生单位应当认真吸取事故教训，落实防范和整改措施。

十、什么是事件? 事故和事件是什么关系?

根据《职业健康管理体系要求》(OHSAS 18001—2007)关于事件的定义。

事件(incident)：发生或可能发生与工作相关的健康损害或人身伤害(无论严重程度)，或者死亡的情况。

事故(accident)：是一种发生人身伤害、健康损害或死亡的事件。

未发生人身伤害、健康损害或死亡的事件通常称为“未遂事件”，在英文里称为“near-miss”“near-hit”“close-call”“dangerous occurrence”。

紧急情况是一种特殊类型的事件。

按照这个概念，通常所说的事故可以理解为“已遂事件”(发生不期望的后果)，未遂事故(涉险事件)可以理解为“未遂事件”(未导致不期望的后果)。

对于事故各个国家和企业有着明确的划分和定义，但事件没有统一的界定标准。

十一、企业为什么要重视事件管理？

海因里希法则(Heinrich's Law)又称“海因里希安全法则”“海因里希事故法则”或“海因法则”，是美国著名安全工程师海因里希(Herbert William Heinrich)提出的300：29：1法则。又称为事故金字塔。

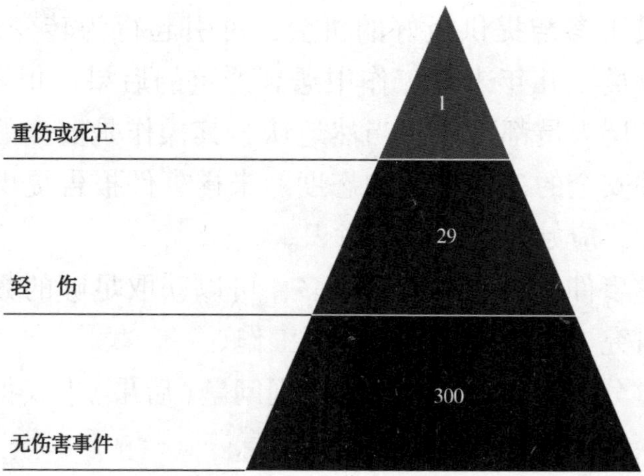

这个法则意为：当一个企业有300起无伤害事件，必然要发生29起轻伤事故，还有一起重伤或死亡事故。这300起无伤害事件就指的是“未遂事故”。

按照这一法则，只有减少未遂事件才能减少或避免事故的发生。

未遂事件由于未造成实际的伤害后果，所以往往容易被人们忽视，但按照事故致因理论，未遂事件和事故(已遂事件)发生的机理与致因是一致的。通过对未遂事件进行辨识和管理，必将使安全工作达到事半功倍的效果。目前，在我国多数领域内对未遂事件的信息还缺少系统性的收集和管理，更没有进行必要的分析、调查和处理，致使大量未遂事件的信息没有得到充分的挖掘和利用，因此，加强未遂事件的管理仍是安全管理工作中一个亟待解决和重视的问题。

国际上的研究和国内外安全实践表明，未遂事件报告的增加会促进安全绩效的改进。

相对已经发生的伤害和财产损失事故而言，未遂事件是一种更为便宜的学习工具；而且未遂事件的数量相对较多，我们可以从大量的未遂事件中获得更多的教训；未遂事件在规模上较小，分析起来更为简单，解决起来更容易些。因此，记录、分析未遂事件提供了廉价的经验教训以避免重大事故的发生，同时带来其他好处。

(1) 为员工参与提供极好的机会，可引起行为转变、责任分担、意识提高等。员工几年未在工作中遇到严重的后果(如同事受伤)时，管理层和操作层人员都可能想当然地认为其操作是安全的，然后慢慢开始松懈有关安全的工作习惯和态度。未遂事件报告提供了一个有力的心理学暗示，应始终保持安全意识。

(2) 未遂事件比真实事故多得多，可以获取足够的数据用来统计分析和追踪研究，及时改进安全管理工作。

(3) 通过分析为什么最后没有出现问题(后果)来获得有价值的信息，为改进实际操作的过程控制提供信息。

十二、企业如何对安全事件(未遂事件)进行管理?

(一) 充分认识未遂事件管理的难度

(1) 未遂事件定义很难界定。由于未遂事件没有导致人身伤害或财产损失的后果，在界定和判断起来有难度。

（2）未遂事件很难上报。一般员工和承包商不愿报告未遂事件，主要因为：

a. 管理层的认识态度影响报告的水平；

b. 操作人员害怕或羞于报告他们自己的失误；

c. 报告系统不可操作，工作人员不知如何报告、报告给谁；

d. 承包商害怕保存未遂事件记录，因为担心这可能影响他们的声誉；

e. 害怕纪律处分，报告未遂事故可能会失去安全奖金。

（二）实施未遂事件管理的措施

企业高层管理者应充分认识到未遂事件管理的重要性和作用，以实际行动支持未遂事件管理的实施。

（1）划定未遂事件定义。将如果条件稍有不同就可能引起伤害和财产损失的情形，界定为需要上报和处理的事件。可以分级为重大未遂事件、一般未遂事件。

（2）明确未遂事件的管理过程。从报告、优先化处理、原因分析、纠正和纠正措施、统计分析、学习和分享等环节用程序和制度明确下来。

（3）建立未遂事件报告的工具。如观察与沟通卡、未遂事件报告表等。

（4）对管理人员和基层员工进行相关程序和管理工具的培训。如安全观察和沟通培训、报告和处理程序培训等。

（5）激励员工报告未遂事件。

（6）未遂事件的调查、分析、处理、统计和报告。

附录一　典型事故案例

Jan　一月份典型事故

山东德州合力科润化工有限公司乙腈装置“1·1”爆炸事故

2009 年 1 月 1 日，山东省德州合力科润化工有限公司乙腈装置发生爆炸，造成 5 人死亡，9 人受伤。发生爆炸的两台固定床反应器，是未清洗干净的二手设备，由于其壳程存有积炭和油垢，使熔盐在高温下加速分解，发生爆炸。熔盐的主要成分为硝酸钾、硝酸钠和亚硝酸钠。其中硝酸钾和硝酸钠是强氧化剂，亚硝酸钠是还原剂。

山东滨化滨阳燃化有限公司“1·1”石脑油泄漏中毒事故

2014 年 1 月 1 日，山东滨化滨阳燃化有限公司储运车间中间原料罐区在切罐作业过程中发生石脑油泄漏，引发硫化氢中毒事故，造成 4 人死亡，3 人受伤，直接经济损失 536 万元。事发时抽净管线系统处于敞开状态。操作人员在进行切罐作业时，错误开启了该罐倒油线上的阀门，使高含硫的石脑油通过倒油线串入抽净线，石脑油从抽净线拆开的法兰处泄漏。泄漏的石脑油中的硫化氢挥发，致使现场操作人员及车间后续处置人员硫化氢中毒。

浙江嘉兴向阳化工厂“1·4”反应釜爆炸事故

2012 年 1 月 4 日，浙江省嘉兴市向阳化工厂二氯乙烷车间反应釜发生爆炸，同时引发火灾，造成 3 人死亡，4 人受伤，直接经济损失约 120 万元。事故的直接原因是：生产过程中涉及双氧水与二异丙胺反应，该反应是强放热反应，需在二异丙胺过量且冷却条件下进行。双氧水是强氧化剂，因为滴加过量，导致发生爆炸。

新疆大黄山鸿基焦化有限公司“1·6”煤气中毒事故

2011 年 1 月 6 日，新疆大黄山鸿基焦化有限责任公司在试生产过程中，合成车间脱碳泵房内发生煤气中毒事故，造成3人死亡，1人轻伤。进饱和塔的冷凝液阀门发生内漏，致使饱和塔内焦炉煤气反串至脱碳泵房，是此次事故的直接原因。冷凝液管线连接饱和塔进口处选用单道闸阀，设计存在缺陷；脱碳泵房内管线与有煤气的装置连通，室内未设置有毒有害气体报警器，导淋未设置在室外，是发生事故的间接原因。

山西晋安科贸有限公司"1·7"储罐爆炸事故

2008年1月7日，山西晋安科贸有限公司在拆除废旧化工原料储罐(原储存甲苯等)时发生爆炸，造成4人死亡、4人受伤。事故的直接原因是储罐位于室内，通风不畅，造成储罐散发的易燃易爆气体在室内积聚。在拆除废弃储罐时，未对作业场所进行动火分析，未办理动火作业许可证，盲目动火，引起厂房内积聚的易燃易爆气体发生爆炸。

中石油兰州石化"1·7"罐区爆炸事故

2010年1月7日，兰州石化公司316#罐区发生火灾爆炸事故，造成6人死亡、1人重伤、5人轻伤。事故的直接原因是316#罐区碳四球罐出料管口弯头焊缝存在缺陷，致使弯头局部脆性开裂，导致易燃易爆的碳四物料泄漏并扩散，遇焚烧炉明火引燃爆炸。未按规程规定对事故管线进行定期检验，未按规定落实事故管线更换计划，未按照规定对储罐进出物料管道设置自动联锁切断装置，致使事故状态下无法紧急切断泄漏源，导致泄漏扩大并引发事故。

潍坊长兴化工有限公司"1·9"氟化氢中毒事故

2016年1月9日21时许，山东潍坊长兴化工有限公司(以下简称长兴公司)四氟对苯二甲醇车间作业人员擅自变更生产工艺违规操作，4#反应釜加料盖密封不严，导致氟化氢泄漏并扩散，造成现场和相邻车间作业人员中毒，造成3人死亡、1人受伤。

安徽康达化工有限责任公司"1·9"中毒事故

2014年1月9日，安徽康达化工有限责任公司出租场地内，员工在检修管道过程中发生中毒事故，造成4人死亡，2人轻伤。事故的直接原因是作业人员违规进入泵操作并对其中的甲硫醇钠管道进行检修，吸入含硫有毒气体(硫化氢、甲硫醇等)中毒，后因现场组织施救不当造成事故扩大。

江苏昆山康大医药化工公司“1·13”反应釜爆炸事故

2007年1月13日，江苏昆山市康大医药化工有限公司硝酯车间熔融反应釜发生爆炸，事故造成7人死亡。事故的直接原因是：操作工在操作硝酯熔融反应釜时，为了加快熔化速度，开大供汽阀门，导致温度上升过快，造成反应釜爆炸。

云南云天化公司三环分公司“1·13”硫磺仓库爆炸事故

2008年1月13日，云南云天化国际化工股份有限公司三环分公司硫黄仓库发生爆炸，造成7人死亡、32人受伤。事发时工人从火车上卸硫黄，由于天气干燥，空气湿度低，在卸车过程中产生的硫黄粉尘飘散，造成局部空间达到爆炸极限，在现场产生的点火能量作用下，引发硫黄粉尘爆炸。

浙江武义博阳实业有限公司“1·15”火灾事故

2008年1月15日，浙江武义博阳实业有限公司发生火灾事故，造成4人死亡。事故的直接原因是企业擅自改变生产工艺，将水改为白油用于冷却清洗，冷却清洗废渣池边真空泵不防爆，操作人员在关停真空泵时产生火花，引燃废渣池中的轻组分和白油，发生火灾。

内蒙古乌海化工股份有限公司“1·18”爆炸事故

2011年1月18日，内蒙古乌海化工股份有限公司在处理合成工段的高纯盐酸中间罐废气排空管和排空汇总管连接处的漏点时发生爆炸，导致3名工人死亡。事故的直接原因是制酸过程中少量溶解、夹带的氢气随盐酸进入高纯盐酸中间罐，由于中间罐压力的降低，溶解、夹带的氢气逐步从液相盐酸中析出。排空管与排空汇总管连接处开裂，造成氢气泄漏。维修工使用角磨机在作业过程中产生火花，引爆氢气，由于各盐酸储罐气相空间相连，造成三个盐酸储罐爆炸。

吉林通化化工股份有限公司“1·18”爆炸事故

2014年1月18日，吉林通化化工股份有限公司甲醇合成系统供水泵房发生爆炸，造成3人死亡、5人受伤，直接经济损失255万元。事故的直接原因是：

当班岗位操作工在排液结束后，未能关严精醇外送阀门，且回流管阀门开度过大，导致净醇塔内稀醇低液位运行。接班操作工也未发现净醇塔底部稀醇液位低于控制线，导致高压工艺气体回流到稀醇罐，造成回流管线断裂，致使大量可燃混合气体(以 H_2为主)迅速充满供水泵房，达到爆炸极限，受静电引燃后发生爆炸。

中石油抚顺石化“1·19”重油催化装置爆炸事故

2011 年 1 月 19 日，中石油抚顺石化分公司石油二厂重油催化装置稳定单元发生闪爆事故，造成 3 人死亡、4 人轻伤。事故的直接原因是重油催化装置稳定单元重沸器壳程下部入口管线上的低点排凝阀因固定阀杆螺母压盖的焊点开裂，阀门闸板失去固定，阀门失效，脱乙烷汽油泄漏、挥发，与空气形成爆炸性混合物，因喷射产生静电发生爆炸。

福建龙岩紫金铜业制酸车间“1·26”中毒事故

2012 年 1 月 26 日，福建省龙岩市上杭县蛟洋工业集中区紫金铜业有限公司制酸车间脱硫塔作业区发生中毒事故，造成 3 人死亡，1 人受伤。事发时灰罐发生堵塞，一名当班工人清灰作业时昏倒，其他三名工人未佩戴防护用具施救，相继中毒。事故原因判断属一氧化碳中毒或缺氧窒息。

Feb | 二月份典型事故 |

山东省冠县新瑞实业有限公司“2·8”闪爆事故

2015 年 2 月 8 日，山东省聊城市冠县新瑞实业有限公司在停产检修过程中发生较大闪爆事故，造成 3 人死亡，5 人受伤，直接经济损失 358. 89 万元。事故的直接原因是：检修作业时，酒精车间对醪塔整体蒸汽吹扫置换不彻底，没有彻底隔绝与醪塔相连的工艺设施，残余酒精蒸气或醪液发酵生成的沼气在醪塔内与空气形成爆炸性混合物，检修人员使用非防爆工具拆卸并递送塔板，工具与塔板、塔板之间或塔板与塔壁发生碰撞产生火花，引起醪塔上部空间闪爆，导致醪塔顶部的除沫板坠落，砸伤 20m 平台上的 4 名作业人员并致坠落。

甘肃白银乐富化工有限公司“2·16”中毒事故

2012 年 2 月 16 日，甘肃省白银市白银乐富化工有限公司发生硫化氢中毒事故，造成 3 人死亡。该公司使用五硫化二磷、三混甲酚在反应釜内反应生产 25

号黑药，反应中放出硫化氢气体，通过真空系统吸到碱液池吸收。但事发时该公司反应釜抽真空设备损坏停用，操作人员佩戴过滤式防毒面具在正压状态下冒险作业，从反应釜搅拌轴封处泄漏的硫化氢气体致一人死亡，其他人员未佩戴任何劳动防护用品盲目施救，致使事故扩大。

湖北省枝江市富升化工有限公司“2·19”燃爆事故

2015 年 2 月 19 日，湖北省枝江市富升化工有限公司硝基复合肥建设项目在试生产过程中发生硝酸铵燃爆事故，造成 5 人死亡，2 人受伤，直接经济损失 469. 28 万元。事故的直接原因是北塔 1#混合槽物料温度长时间高于工艺规程控制上限，导致硝酸铵受热分解，最高温度达 629. 95℃，致使 1#和 2#混合槽相继冒槽，料浆流至 100. 5 米层和 96 米层平台，发生燃爆。

河南省濮阳市中原大化集团有限责任公司“2·23”氮气中毒窒息事故

2008 年 2 月 23 日，河南省濮阳市中原大化集团有限责任公司新建年产 30 万吨甲醇项目，在生产准备过程中发生氮气中毒窒息事故，造成 3 人死亡，1 人受伤。事故的直接原因是：在调试氮气储罐的控制系统时，连接管线上的电磁阀误动作，使储罐内氮气串入煤灰过滤器下部膨胀节吹扫氮气管线，加上该吹扫氮气管线的两个阀门中的一个未关闭，另一个阀内存有施工遗留物关闭不严，致使氮气串入煤灰过滤器中。作业人员在没有对作业设备进行有效隔离、没有对作业容器内氧含量进行分析、没有办理进入受限空间作业许可证的情况下，进入煤灰过滤器进行除锈作业，造成氮气窒息。

河北赵县化工厂“2·28”爆炸事故

2012 年 2 月 28 日，河北赵县克尔化工有限公司发生爆炸事故，造成 29 人死亡，46 人受伤，直接经济损失 4459 万元。事故的直接原因是反应釜底部用导热油伴热的放料阀处导热油泄漏着火，致使釜内反应产物硝酸胍和未反应完的硝酸铵局部受热，发生爆炸。

Mar | 三月份典型事故 |

辽宁建平县鸿燊商贸有限公司“3·1”硫酸储罐爆炸事故

2013 年 3 月 1 日，建平县鸿燊商贸有限公司发生硫酸储罐爆炸事故，造成 7

人死亡，2 人受伤，直接经济损失 1210 万元。事故的直接原因是：硫酸储罐内的浓硫酸被局部稀释产生氢气，与含有氧气的空气形成达到爆炸极限的氢氧混合气体，当氢氧混合气体从放空管通气口和罐顶周围的小缺口冒出时，遇焊接明火引起爆炸，导致 2#罐体爆裂。飞出的罐体碎片，将 1#储罐下部连接管法兰砸断，罐内硫酸泄漏。2#储罐和 1#储罐泄漏的硫酸流入附近农田、河床及高速公路涵洞，引发较严重的次生环境灾害。

四川天亿化工有限公司“3·1”爆炸事故

2014 年 3 月 1 日，四川天亿化工有限公司 2 号黄磷冶炼炉生产现场发生爆炸，造成 3 人烧伤导致原发性休克死亡，直接经济损失约 600 万元。事故的直接原因是该公司 2 号炉炉底碳砖失效，熔池下沉，炉底烧穿，熔融磷铁磷渣泄漏遇湿爆炸，部分检修人员避险不及，导致伤亡事故发生。

内蒙古天润化肥公司“3·3”较大灼烫事故

2015 年 3 月 3 日，内蒙古天润化肥有限公司在检维修过程中，拆开气化炉的气液分离器底部法兰盲板，高压蒸汽喷出，造成现场 3 名作业人员(2 名检维修人员、1 名监护人员)烫伤死亡。事故的直接原因是该公司相关部门在生产系统还没有停车时，就签发出检修作业票；检修人员在未确认的情况下拆开法兰盲板，致使高压蒸气喷出，导致事故发生。

云南省陆良县宏盈磷业有限公司“3·13”中毒窒息事故

2011 年 3 月 13 日，云南省陆良县宏盈磷业有限责任公司在清理 2#黄磷炉 1#精制槽内的泥磷过程中，发生中毒事故，导致承包商工人 3 人死亡，1 人受伤住院。事发时，作业人员正在进行清淤作业，随着泥磷的不断清出，1#精制槽内水位不断下降，部分泥磷露出水面，遇空气后自燃，产生大量有毒有害气体，致使槽内人员吸入有毒有害气体中毒窒息伤亡。

四川省金路树脂有限公司“3·16”较大中毒和窒息死亡事故

2016 年 3 月 16 日 8 时 40 分，四川省金路树脂有限公司(以下简称金路公司)7 聚合实验装路 1#聚合釜在清釜检修作业时发生一起氯乙烯中毒事故，造成 3 人死亡、2 人受伤。

安徽省安庆市鑫富化工有限公司“3·27”爆炸事故

2011 年 3 月 27 日，安庆市鑫富化工有限责任公司制造车间 3 号低温氯化釜发生爆炸，同时引发车间局部火灾，造成当班人员 3 人死亡、1 人轻伤。事故的直接原因是当班操作工误操作，在准备补加二甲基甲酰胺时，误将甲醇高位槽阀门打开，将用于洗釜的高位槽剩余甲醇加入到釜内，与釜内物料发生剧烈反应，导致爆炸。

河北魏县宏顺化工原料有限公司“3·29”中毒窒息事故

2013 年 3 月 29 日，魏县宏顺化工原料有限公司在排除二硫化碳冷凝管道堵塞故障中，发生中毒窒息事故，造成 3 人死亡，2 人轻伤，直接经济损失约 200 万元。事故的直接原因是炉火操作工发现管道堵塞后，没有及时向厂方报告，在未采取任何防范措施的情况下，擅自打开运行中的有毒气体管道疏通口泥土封堵，对堵塞管道进行疏通作业，造成硫化氢、二硫化碳气体大量泄漏，操作人员吸入有毒气体后中毒昏厥跌落水池中。4 名操作工未采取任何防护措施，盲目施救，先后中毒昏厥，致使事故扩大。

Apr | 四月份典型事故 |

河北省邯郸市大名县福泰生物科技有限公司“4·1”中毒事故

2016 年 4 月 1 日，河北省邯郸市大名县城西工业园区的福泰生物科技有限公司发生一起硫化氢中毒事故，含有硫化钠的碱性废水打入存有酸性废水的废水池中，反应释放出硫化氢气体经废气总管回窜至车间抽滤槽，从抽滤槽逸出，致使在附近作业的 1 名人员中毒；施救人员在未采取任何防护措施的情况下盲目施救，导致事故扩大，造成 3 人死亡、3 人受伤。

上海市松江县佘山无机化学品厂“4·4”硫化氢中毒事故

2005 年 4 月 4 日，上海市松江县佘山无机化学品厂发生硫化氢中毒事故，导致 4 人死亡，3 人受伤。事故的直接原因是：该厂生产车间 2 名工人在清洗碱式氯化铝池内污泥时，其中一名职工中毒晕倒，另有 5 名职工闻讯赶来下池救助，由于没有采取防护措施，均吸入有毒气体，造成 4 死 3 伤的事故。

福建省漳州市腾龙芳烃(漳州)有限公司“4·6”爆炸着火事故

2015年4月6日，位于漳州古雷的腾龙芳烃(漳州)有限公司二甲苯装置发生重大爆炸着火事故，造成6人受伤，另有13名周边群众留院观察，直接经济损失9457万元。事故的直接原因是公司在二甲苯装置开工引料过程中出现压力和流量波动，引发液击，致使存在焊接质量问题的管道焊口断裂，物料外泄。泄漏的物料被鼓风机吸入，进入加热炉，发生爆炸着火。

内蒙古乌海市泰和煤焦化集团有限公司“4·8”爆炸事故

2014年4月8日，内蒙古乌海市泰和煤焦化集团有限公司化产车间发生爆炸事故，造成3人死亡，2人受伤，直接经济损失约230万元。事故的直接原因是：该公司管道变更改造过程中，在未与生产系统隔绝、未进行吹扫置换、动火点未隔离、未进行气体分析的情况下即用电焊动火作业，电焊火花进入未封死的循环槽人孔，引爆被脱硫液夹带进入循环槽内的煤气。

山东省潍坊市滨海香荃化工有限公司“4·9”中毒窒息事故

2015年4月9日，潍坊滨海香荃化工有限公司发生中毒窒息事故，造成3人死亡，2人受伤，直接经济损失约330万元。公司为减少异味扩散和提高生化反应效率，经多方咨询后，安排人员在好氧池和厌氧池上部加盖了塑料棚，废水在生化处理过程中产生的硫化氢等有毒有害气体集聚。作业人员未佩戴防毒面具等防护装备，进入好氧池大棚内，吸入硫化氢中毒晕倒，跌落至好氧池污水中窒息，施救人员也未佩戴任何防护装备，进入好氧池大棚内盲目施救，造成事故扩大。

兴隆县天利海香精香料有限公司“4·9”火灾事故

2016年4月9日21时15分，河北省承德市兴隆县天利海香精香料有限公司化二车间水解岗位操作工对4#水解釜加热过快，釜内物料暴沸，产生大量的甲醇、氯甲烷、氯化氢、水蒸气等气体，造成釜内压力急剧升高，导致釜内物料喷出，将水解釜上封头及附带的电机、减速机等冲起，撞击车间三层钢筋砼构件产生火花，甲醇、氯甲烷等被引燃，造成现场人员伤亡并引发次生火灾。事故造成4人死亡、3人烧伤。

江苏省如皋市双马化工有限公司“4·16”爆炸事故

2014年4月16日，位于江苏省南通市如皋市东陈镇的如皋市双马化工有限公司造粒车间发生粉尘爆炸，引发大火，事故造成9人死亡，2人重伤，6人轻伤，直接经济损失约1594万元。事故的直接原因是：公司在1#造粒塔正常生产状态下，没有采取停车清空物料的措施，直接在塔体底部锥体上进行焊接作业，致使造粒系统内的硬脂酸粉尘发生爆炸，继而引发连续爆炸，造成整个车间燃烧，导致厂房倒塌、人员死亡。

安徽省中升药业有限公司“4·18”中毒事故

2012年4月18日，安徽省中升药业有限公司发生中毒事故，造成3人死亡，4人受伤，直接经济损失450余万元。事故的直接原因是：该公司在未经安全许可，无正规设计、无施工方案的情况下，对α-溴代对羟基苯乙酮生产装置进行改造，增加了固体光气配料釜等装置，在用蒸汽对配料釜直接加热生产时，发生光气泄漏，导致中毒事故。

美国得克萨斯州化肥厂爆炸事故

2013年4月17日19点50分，位于美国得克萨斯州韦斯特地区的化肥厂发生威力巨大的爆炸，造成35人死亡，超过160人受伤，至少10栋建筑起火，约70栋民宅被毁，包括两所学校和一家养老院，一栋50户的公寓楼只剩“框架”。这是美国历史上最严重的大爆炸事件之一。由于其爆炸产生的震撼力之大，美国地质调查局将其定为一个2.1级地震。调查结果显示，爆炸事故没有人为破坏因素，是一起典型的化工生产安全事故，直接原因是化肥厂违规储存危险品，储量超过政府规定上报最低限量的1350倍，却没有按照要求向国土安全部上报。

英国石油公司墨西哥湾钻井平台爆炸事故

2010年4月20日，英国石油公司租赁的“深水地平线”海上钻井平台在墨西哥湾水域发生爆炸并沉没，造成11名工人死亡，其开采的马孔多油井大量漏油，导致约2亿桶原油泄漏入海，直到7月15日泄漏点才被完全封闭。这不但给当地渔业、旅游业和餐饮服务业构成重大打击，也带来巨大的生态灾难，酿成了美国历史上最严重的石油泄漏事故。受此次事件影响，英国石油公司公布的财务报表显示其2010年出现近50亿美元亏损，在各方压力下BP公司被迫创建一笔200亿美元的基金，专门用于赔偿漏油事件的受害者。据调查，用于加固油井的水泥出现问题是原油泄漏的主要原因。马孔多油井在漏油事故发生前已存在预算超支、监测设备出现异常等问题。英国石油公司和哈利伯顿公司在实施油井水泥工程时，减少注入油井的水泥量以节约开支，造成油井安全出现问题。

湖南省炎陵县华丰化工有限公司“4·22”燃爆事故

2011年4月22日，湖南省株洲市炎陵县华丰化工有限责任公司发生燃爆事故，造成6人死亡，4人受伤，直接经济损失336万元。事故的直接原因是该公司干燥包装车间电气开关柜箱体内集聚了高氯酸铵粉尘，内部不防爆的电气设备产生电火花，引爆粉尘，冲开电气开关箱体，引发周边的高氯酸铵粉尘二次爆炸，引燃车间及临近仓库内的高氯酸铵成品。

江苏德桥仓储有限公司“4·22”较大火灾事故

2016年4月22日9时13分左右，江苏德桥仓储有限公司组织承包商在2号交换站管道进行动火作业前，在未清理作业现场地沟内油品、未进行可燃气体分析、未对动火点下方的地沟采取覆盖、铺沙等措施进行隔离的情况下，违章动火作业，切割时产生火花引燃地沟内的可燃物，事故导致1人死亡(消防员)。

四川省南充市宏泰生化有限公司“4·23”爆炸事故

2011年4月23日，四川宏泰生化有限公司发生爆炸事故，造成4人死亡，2人受伤，直接经济损失550余万元。事故的直接原因是该公司造气车间中低变甲烷化炉出口管道焊口在高温含氢介质条件下长期运行，缺陷暴露扩展，氢气泄漏。在系统未停车和安全措施不到位的情况下，进行带压堵漏作业，作业产生火花引爆泄漏的氢气。

辽宁灯塔北方化工有限公司“4·24”中毒窒息事故

2014年4月24日，辽宁省灯塔北方化工有限公司发生中毒窒息事故，造成3人死亡，直接经济损失329万元。事故的直接原因是该公司加氢车间在未制定危险作业方案、未办理进入受限空间作业审批手续、未对厌氧罐出口池进行空气吹扫、作业人员也未佩戴防护用具的情况下，向厌氧罐出口池放入排泥泵的软管。1 名作业人员沿着铁梯向池底移动，想将软管提拉上来时，吸入高浓度硫化氢气体昏倒并掉落到出口池池底污水中。另 2 名作业人员见状，盲目进池施救，也因吸入高浓度硫化氢气体昏迷跌落到池底污水中。最终 3 人因硫化氢中毒死亡。

江西樟江化工有限公司“4·25”较大爆燃事故

2016 年 4 月 25 日 1 时 18 分，位于江西省樟树市盐化工基地化工园区的江西樟江化工有限公司在试生产过程中发生爆燃事故。在紧急停车后，违规将氧化工作液泄放至酸性储槽中，但酸性储槽中的双氧水在碱性条件下迅速分解并放热，产生高温和助燃气体氧气，引起密闭的储槽容器压力骤升而爆炸，引燃氧化工作液，造成爆燃事故。造成 3 人死亡，1 人轻伤。

中国化工沈阳石蜡化工有限公司“4·25”硫化氢中毒事故

2013 年 4 月 25 日，中国化工沈阳石蜡化工有限公司气分装置检修施工过程中发生中毒事故，造成 3 人死亡。事发时，3 名作业人员在泵泄压盲板处进行盲板抽堵作业，因防护措施不当，造成 3 名作业人员因硫化氢中毒死亡。

山西省永鑫煤焦化有限责任公司“4·26”爆炸事故

2014 年 4 月 26 日，山西永鑫煤焦化有限责任公司在回炉煤气管道检修过程中发生煤气爆炸事故，造成 4 人死亡，31 人受伤，直接经济损失约 480 万元。事故的直接原因是该公司在回炉煤气管道安装的盲板尺寸和安装位置不符合安全要求，造成煤气通过盲板和法兰之间的缝隙进入煤气主管，并从拆除的 1#炉流量计接口处泄漏。泄漏的煤气通过门窗进入值班室、交换机室、焦炉中间通廊，遇火源发生爆炸。

山东省青岛市恒源化工有限公司“4·26”爆炸事故

2007 年 4 月 26 日，山东省青岛市恒源化工有限公司苯胺厂在混酸罐区进行管线施工作业时发生爆炸，事故造成 3 人死亡。事发时，苯胺厂维修车间在混酸罐区进行配管作业，动火作业时发生爆炸。本次动火办理的动火证所指定的作业内容和动火部位含糊不清，是否进行了动火分析不确定，取样点、取样人和要求分析的项目不明确，没有关键的可燃成分的含量指标，各审批人员在未到现场落实安全措施的情况下就在动火证上签字，是事故发生的直接原因。

May | 五月份典型事故 |

四川广元天森煤化公司“5·2”爆炸事故

2014年5月2日，四川广元市旺苍县嘉川镇天森煤化有限公司发生爆炸，造成3人死亡，直接经济损失约260万元。事故的直接原因是：天森公司组织3名施工人员对隔油沉淀池(长20m、宽10m、高3.5m，上加盖彩钢板)加装排水泵，在未办理动火作业票证的情况下使用电弧焊机对隔油沉淀池盖板实施焊接作业时，火星从隔油沉淀池人工观察孔掉入池内，引燃酚油、轻油、蒽油、煤焦油、燃料油蒸气导致发生爆炸。

中国石化上海高桥石化“5.9”石脑油储罐闪爆事故

2010年5月9日，中石化上海高桥分公司炼油事业部储运2#罐区石脑油储罐发生火灾事故，造成1613#罐罐顶掀开，局部开裂，未造成人员伤亡，经济损失为62.6万元。事故直接原因是，设备防腐和监督检查不到位，储罐壁和铝制浮盘严重腐蚀，由硫化亚铁发生自燃，引起浮盘与罐顶之间的油气与空气混合气体发生爆炸(石脑油爆炸极限：1.3%~6%)。

中国化工集团公司沧州大化TDI有限责任公司“5·11”爆炸事故

2007年5月11日，中国化工集团公司沧州大化TDI有限责任公司TDI车间硝化装置发生爆炸事故，造成5人死亡，80人受伤，其中14人重伤，厂区内供电系统严重损坏，附近村庄几千名群众疏散转移。事故的直接原因是：TDI车间一硝化系统在处理系统异常时，酸置换操作使系统硝酸过量，甲苯投料后，导致一硝化系统发生过硝化反应，生成本应在二硝化系统生成的二硝基甲苯和不应产生的三硝基甲苯(TNT)。因一硝化静态分离器内无降温功能，过硝化反应放出大量的热无法移出，静态分离器温度升高后，失去正常的分离作用，有机相和无机相发生混料。混料流入一硝基甲苯储槽和废酸储罐，并在此继续反应，致使一硝化静态分离器和一硝基甲苯储槽温度快速上升，硝化物在高温下发生爆炸，并引发甲苯储罐起火爆炸。

呼伦贝尔市金新化工有限公司“5·15”窒息事故

2012 年 5 月 15 日，内蒙古自治区呼伦贝尔市陈巴尔虎旗工业园区金新化工有限公司发生窒息事故，导致 3 人死亡，2 人受伤。事故的直接原因是：金新化工有限公司制气车间 5 名工人在 2 号气化炉激冷室进行排渣孔扩孔作业过程中，1 名工人在受限空间内发生氮气窒息，其余 4 人先后在未采取有效保护措施的前提下展开施救，4 人在施救过程中相继窒息，最终造成 3 人死亡，2 人受伤的严重后果。

山西晋城阳城县瑞兴化工有限责任公司“5·16”中毒事故

2015 年 5 月 16 日，山西省晋城市阳城县瑞兴化工有限责任公司发生中毒事故，造成 8 人死亡，6 人受伤。事故的直接原因是：工人在处置冷却池内二硫化碳冷却管线泄漏时，在未办理受限空间作业票、未佩戴防护用品的情况下，操作人员进入冷却池内实施维修，导致中毒晕倒(焦炭与硫黄反应生成二硫化碳气体，副产硫化氢，两者在冷却池冷凝过程中同时存在)，在后续施救过程中其他人员盲目施救，造成事故扩大。

山东淄博市宝源化工股份有限公司“5·28”爆炸事故

2011 年 5 月 28 日，山东省淄博市宝源化工股份有限公司发生爆炸事故，造成 3 人死亡，8 人受伤，直接经济损失约 450 万元。事故的直接原因是：该公司硝基甲烷车间精馏工段粗品精馏过程中，在蒸馏罐中投入原料时，未加入低沸点物，且蒸馏时间过长，精馏罐处于低液位状态，在罐内壁形成较多固体残留物。在精馏罐持续加热条件下，精馏罐壁面固体残留物发生热分解而爆炸，爆炸引发罐内气体和残留液体整体爆轰。

江苏省宝应县曙光助剂厂“5·29”爆炸事故

2014 年 5 月 29 日，江苏省扬州市宝应县曙光助剂厂发生爆炸事故，造成 3 人死亡，3 人受伤。事发时，该厂当班工人正将甲基邻苯二胺(粗品)投入夹套式真空蒸馏釜进行生产。由于甲基邻苯二胺(粗品)含有的杂质在蒸馏过程中随着甲基邻苯二胺的产出，浓度逐渐升高，在一定的温度和空气进入釜内的条件下，发生化学反应，引起爆炸。

Jun | 六月份典型事故 |

中国石油大连石化分公司三苯罐区“6·2”较大爆炸火灾事故

2013年6月2日，中国石油天然气股份有限公司大连石化分公司第一联合车间三苯罐区在动火作业过程中发生爆炸着火，造成4人死亡，直接经济损失697万元。事故发生的直接原因是大连石化的承包商作业人员在第一联合车间三苯罐区小罐区杂料罐罐顶违规违章进行气割动火作业，切割火焰引燃泄漏的甲苯等易燃易爆气体，回火至罐内引起储罐爆炸，并引起附近其他三个储罐相继爆炸着火。

加纳“6·3”加油站爆炸事故

2015年6月3日，加纳首都阿克拉市中心一处加油站起火爆炸，造成200多人死亡。起火的加油站位于阿克拉最繁华的恩格鲁马转盘附近，处于低洼地带，周围有公共汽车站和集贸市场，人口密集。由于连降暴雨，积水很深，交通瘫痪，许多被困民众前往加油站躲雨休息。事故的直接原因是：大雨造成加油站内的柴油和汽油流向附近住宅，在附近停泊货车的地点遇上一处火源，最终引燃并导致加油站爆炸。

山东潍坊华浩农化有限公司“6·5”较大淹溺窒息事故

2016年6月5日14时许，山东潍坊华浩农化有限公司水溶肥生产车间发生一起淹溺窒息事故，造成3人死亡。原料罐内缺氧，存在一氧化碳气体(6月6日监测罐内氧浓度为13%，一氧化碳浓度为56×10^{-6})，罐内存有高约0.4m黏稠状液体物料，罐体发滑；操作工未进行氧浓度及有毒气体浓度检测，未佩戴个体防护用品，冒然探入原料罐，因缺氧晕倒，滑落入氨基酸原液中吸入过量液体窒息死亡；盲目进入罐内施救，因缺氧晕倒，滑落入氨基酸原液中吸入过量液体窒息死亡，导致事故后果扩大。

山东临沂金誉石化公“6·5”爆炸事故

2017年6月5日凌晨1时，山东临沂临金誉石化公司装卸区一辆运输液化气罐车，在卸车过程中发生液化气泄漏爆炸着火，10人死亡、9人受伤，厂区内15

辆危险货物运输罐车、1个球罐和2个拱顶罐毁坏，6个球罐过火，部分管廊坍塌、生产装置、化验室、控制室、过磅房、办公楼以及周边企业、建构筑物和社会车辆不同程度损坏，附近1公里外村庄部分居民的门窗玻璃被震碎。事故暴露出企业布局存在重大隐患，物料装卸站离储罐区和生产装置太近；物料装卸站北侧紧靠的化验室内电气、化验仪器均不防爆；8个卸车位同时24小时作业，10多辆液化气槽车同时进入卸车现场造成风险叠加；安全职责不清机进行卸车接管作业；企业负责人和员应急处置能力差；罐区容量太大，罐区之间安全距离不足；厂区内车辆乱停乱放；厂区办公楼用做工人倒班宿舍等等诸多问题。

浙江绍兴市林江化工"6·9"中试脱溶爆燃

2017年6月9日，林江化工在中试脱溶过程中，发生爆燃事故，造成3人死亡、1人受伤。企业利用晚上时间，在已责令停产的车间，开展农药产品中试研发；依据500mL规模小试，将中试规模放大至1万倍以上；事故当晚进行的中间体氧二氮杂庚烷脱溶作业，因未经全面风险分析和论证，对反应参数和物料性质缺乏了解，且DCS测温系统设计不合理，导致物料升温过高引发热分解，引起爆燃。

昆明市安宁齐天化肥有限公司"6·12"硫化氢中毒事故

2008年6月12日，云南省昆明市安宁齐天化肥有限公司在脱砷精制磷酸试生产过程中发生硫化氢中毒事故，造成6人死亡、29人中毒。事发时，操作人员正在向磷酸槽加入硫化钠水溶液。在调节底部阀门时，发现该阀门不能关闭，硫化钠水溶液持续流入磷酸槽，使磷酸槽中的硫化钠严重过量，产生的大量硫化氢气体从未封闭的磷酸槽上部逸出，导致部分现场作业人员和赶来救援的人员先后中毒。

浙江省台州丰润生物化学公司"6·12"硫化氢中毒事故

2009年6月12日，浙江省台州丰润生物化学有限公司发生硫化氢中毒事故，造成3人死亡，2人中毒。事发时，1名施工人员下到约10m深的地下桩孔底部作业，因硫化氢含量过高致其中毒晕倒，后有4人在未佩戴任何防护用品的情况下盲目施救，也相继中毒晕倒。

黑龙江北大荒农业公司浩化分公司“6·18”中毒事故

2015年6月18日，黑龙江北大荒农业股份有限公司浩良河化肥分公司造气车间发生一起3人窒息死亡事故。事故的直接原因是造气车间作业人员在未办理进入受限空间审批手续、未佩戴防护用品的情况下，1人进入磨煤工段煤浆添加剂地下溶解池内发生窒息，另有2人未采取防护措施盲目施救，导致事故扩大。

内蒙古鄂尔多斯伊东九鼎化工公司“6·28”爆炸事故

2015年6月28日，内蒙古鄂尔多斯伊东九鼎化工有限责任公司发生爆炸着火事故，造成3人死亡、6人受轻伤。此次爆炸是由于三气换热器存在质量问题，在前四次修焊过的脱硫气进口封头角接焊缝处存在贯通的陈旧型裂纹，引发低应力脆断导致脱硫气瞬间爆出。因脱硫气中氢气含量较高，爆出瞬间引起氢气爆炸着火，造成正在附近检修及保温作业的人员伤亡。

中石油辽阳石化分公司“6·29”原油罐爆燃事故

2010年6月29日，中石油辽阳石化分公司炼油厂原油输转站原油罐在清罐作业过程中，发生爆燃事故，致使罐内作业人员3人死亡，7人受伤，直接经济损失150万元。事发时，作业人员正在对原油输转站1个3万立方米的原油罐进行现场清罐作业。作业过程中，产生的油气与空气混合，形成了爆炸性气体环境，遇到非防爆照明灯具发生闪灭打火，或作业时铁质清罐工具撞击罐底产生的火花，导致发生爆燃事故。

Jul 七月份典型事故

宁夏瑞泰科技股份有限公司“7·1”甲胺贮罐爆炸事故

2014年7月1日，宁夏瑞泰科技股份有限公司啶虫脒生产车间*N*-(6-氯-3-吡啶甲基)甲胺储罐发生爆炸，造成4人死亡，1人受伤，直接经济损失约500万元。事故的直接原因是储罐内的*N*-(6-氯-3-吡啶甲基)甲胺长时间处于保温状态，发生了缩聚反应，产生的大量热量和气体不能及时排出，导致容器超压发生爆炸。

甘肃白银天翔建材化工有限责任公司“7·4”中毒事故

2010年7月4日，甘肃白银市白银区天翔建材化工有限责任公司碳酸锌厂发生中毒事故，造成3人死亡，3人受伤。因反应池中碳酸氢氨和氧化锌反应产生氨气，作业人员违章进入反应池作业，造成中毒昏迷，救援人员应急知识不足，造成事故扩大。

云南曲靖众一合成化工“7·7”氯苯回收塔爆燃事故

2014年7月7日，云南省曲靖众一合成化工有限公司合成一厂一车间氯苯回收系统发生爆燃事故，造成3人死亡，4人受伤，直接经济损失560万元。事故的直接原因：一是氯苯回收塔塔底AO-导热油换热器内漏，管程高温导热油泄漏进入壳程中与氯苯残液混合，进入氯苯回收塔致塔内温度升高，残液气化压力急剧上升导致氯苯回收塔爆炸和燃烧；二是未按设计要求安装温控调节阀，只安装了现场操作的“截止阀”，当回收塔塔底温度、压力出现异常情况并超过工艺参数正常值范围时，“截止阀”不能自动调节和及时调控。

山东德齐龙化工集团有限公司“7·11”爆炸事故

2007年7月11日，山东德齐龙化工集团有限公司一分厂在改扩建项目试车过程中发生爆炸事故，造成9人死亡，1人受伤。此次爆炸为物理爆炸，事故发生的直接原因是压缩机出口管线强度不够、焊接质量差、管线使用前没有试压。

菏泽市郓城县黄集乡非法化工厂“7·13”窒息事故

2016年7月13日12时30分，位于郓城县黄集乡季垓村西的一家非法化工厂发生二硫化碳中毒窒息事故，操作人员违反受限空间作业规范，在未通风路换、未检测、未经审批的情况下，进入2#反应釜内清理TETD残存湿料导致中毒窒息，现场其他人员在未采取防护措施情况下，冒险进入反应釜施救，致使3人二硫化碳中毒窒息死亡。

河南洛阳润方特油有限公司“7·14”中毒事故

2007年7月14日，河南省洛阳市润方特油有限公司员工在清理储罐底部残渣时，发生中毒事故，造成3人死亡、1人重伤。事故的直接原因是作业人员违反操作规程，未对罐内气体进行分析检测，未采取安全防护措施，直接进入储罐作业；救援人员在未采取任何安全防护措施的情况下，盲目施救，导致事故扩大。

河南洛阳洛染股份有限公司“7·15”爆炸事故

2009年7月15日，河南省洛染股份有限公司一车间发生爆炸事故，造成8人死亡，8人受伤。事故的直接原因是中和萃取作业场所氯苯计量槽挥发出的氯苯蒸气，遇旁边因老化短路的动力线部位火源，引发氯苯蒸气爆燃，氯苯计量槽被引燃，随后发生爆炸，致使水洗釜内成品2，4-二硝基氯苯发生第一次爆炸，继而引发硝化釜内2，4-二硝基氯苯发生第二次爆炸。

大连中石油国际储运有限公司“7·16”输油管道爆炸火灾事故

2010年7月16日，大连中石油国际储运有限公司原油罐区输油管道发生爆炸，造成原油大量泄漏并引起火灾，原油流入附近海域，造成环境污染。事故还造成1名作业人员失踪，灭火过程中1名消防战士牺牲。事故发生的直接原因是：在油轮暂停卸油作业的情况下，继续加入大量脱硫化氢剂(含85%双氧水)，造成双氧水在加剂口附近输油管段内局部富集；输油管内高浓度的双氧水与原油和水接触发生放热反应，引起输油管道发生爆炸，原油泄漏，引发火灾。

山东日照市山东石大科技石化有限公司“7·16”爆炸事故

2015年7月16日，山东石大科技石化有限公司液化烃球罐在倒罐作业时发生泄漏着火，引起爆炸，造成2名消防队员受轻伤，直接经济损失2812万元。事故的直接原因是该公司在进行倒罐作业过程中，违规采取注水倒罐置换的方法，且在切水过程中现场无人值守，致使液化石油气在水排完后从排水口泄出，泄漏过程中产生的静电或因消防水带剧烈舞动，金属接口及捆绑铁丝与设备或管道撞击产生火花引起爆燃。

甘肃锦世化工有限责任公司“7·21”中毒事故

2013年7月21日，甘肃省锦世化工有限责任公司硫化碱车间发生一氧化碳中毒事故，造成4人死亡，4人受伤，直接经济损失约367万元。事故的直接原因是烘干机运行中引风机变频器跳闸，引风量不足，烘干机内煤粉燃烧不充分，致使炉内产生一氧化碳等有毒有害气体，并通过提升机机壳倒流入负一层检修地坑，致使地坑内一氧化碳等有毒有害气体浓度过高，操作人员在无任何防护措施的条件下进入地坑清理灰渣造成中毒。

贵州兴义宜化化工“7·22”管道泄漏爆炸事故

2010年7月22日，贵州宜化化工有限公司变换工段发生爆炸事故，造成8人死亡、3人受伤。原因是1#变换系统副线管道发生泄漏，气体冲刷产生静电，引爆现场可燃气体(主要是一氧化碳、二氧化碳、氢气等)，导致空间爆炸。

中国石油庆阳石化分公司“7·26”常压装置泄漏着火事故

2015年7月26日，中石油庆阳石化公司常压装置渣油/原油换热器发生泄漏着火，造成3人死亡，4人受伤。事故的直接原因是常压装置渣油/原油换热器外头盖排液口管塞在检修过程中装配错误，导致在高温高压下管塞脱落，约342~346℃的高温渣油(其自燃点为240℃)瞬间喷出，遇空气自燃，引发火灾。

重庆万州索特盐化工厂“7·27”中毒事故

2007年7月27日，重庆万州区索特盐化工厂发生一起窒息事故，造成5人死亡。事发时，5名工人在对一个曾储存过氯酸钠电解液的闲置槽罐进行防腐处理，氯酸钠发生燃烧产生毒气，导致5人烧伤并窒息死亡。

江苏南京“7·28”丙烯管道泄漏爆燃事故

2010年7月28日，江苏省南京市栖霞区发生一起丙烯爆燃事故，造成22人死亡、120人受伤。事故的直接原因是在原塑料厂旧址上平整拆迁土地过程中，挖掘机挖穿了地下丙烯管道，造成管道内存有的液态丙烯泄漏，泄漏的丙烯蒸发扩散后，遇到明火发生爆燃。

台湾高雄华运仓储公司“7·31”管线泄漏爆炸事故

2014年7月31日，台湾高雄市华运仓储公司输送丙烯的管线发生丙烯泄漏。8月1日零时，发生地沟丙烯气体爆炸，造成30人死亡、302人受伤。事故的直接原因是管道长年腐蚀变薄，在压力作用下管道破裂，致使丙烯泄漏，遇火源发生爆炸。

Aug | 八月份典型事故 |

贵州兴化化工有限责任公司“8·2”甲醇储罐爆炸事故

2008年8月2日，贵州兴化化工有限责任公司甲醇储罐发生爆炸燃烧事故，造成3名施工人员死亡，2人受伤(其中1人严重烧伤)，6个储罐被毁。在甲醇罐惰性气体保护设施施工过程中，因施工单位违规将精甲醇储罐顶部备用短节打开，与二氧化碳管道进行连接配管，管道另一端则延伸至罐外下部，造成罐体通过管道与大气连通，致使空气进入罐内。罐内甲醇-空气混合气体通过配管外泄，遇精甲醇罐旁违章动火作业的电焊火花，引起管口区域爆炸燃烧，并通过连通管道引发罐内甲醇-空气混合气体爆炸，罐底部被冲开，大量甲醇外泄、燃烧，致使附近5个储罐相继爆炸。

银川市永宁县宁夏多维泰瑞制药有限公司“8·4”中毒事故

2011年8月4日，位于宁夏回族自治区银川市永宁县的宁夏多维泰瑞制药有限公司泵房污水管道阀门破裂，管道内硫化氢气体溢出，造成3人死亡，2人受伤。事故的直接原因是：泵房污水管道阀门突然破裂，当班班长听到异响后下去查看时昏倒，两名当班工人进入现场施救时昏倒，随后参与施救的人员分别出现不适反应。由于盲目施救，最终导致3人死亡。

哈尔滨凯乐化学制品厂“8·5”爆炸事故

2011年8月5日，哈尔滨凯乐化学制品厂发生爆炸，导致3人死亡，1人受伤。事发时，4名工作人员正在对亚氯酸钠及柠檬酸进行分装操作。分装过程中，亚氯酸钠固体遇到明火或其他点火源引起着火和燃爆，最终导致库内存放的桶装亚氯酸钠爆燃。

浙江宁波江宁化工有限公司“8·7”中毒事故

2013年8月7日，浙江省宁波江宁化工有限公司正在施工的顺酐装置发生作业人员中毒事故，造成3人死亡。事发时，分包商的3名无证射线检测作业人员违章进入顺酐反应器进行焊缝探伤作业，因与反应器连接的氮气管道未安全隔绝，气相侧操作员误开氮气管道阀门，将氮气通入反应器中，导致3人窒息死亡。

丰原(宿州)生物化工有限责任公司“8·10”中毒死亡事故

2009年8月10日，安徽丰原(宿州)生物化工有限责任公司5万吨无水乙醇项目在分子筛装填过程中发生乙醇中毒事故，导致3人死亡、1人受伤。事故的直接原因是承建单位施工人员在未办理进入受限空间作业票、未采取任何防护措施的情况下进入分子筛罐内作业，吸入乙醇蒸气中毒晕倒。2名监护人员发现后，未采取防护措施进入罐内救人，最终导致3人死亡。

天津市瑞海公司“8·12”爆炸事故

2015年8月12日，位于天津市滨海新区的瑞海公司危险品仓库运抵区起火，随后发生两次剧烈的爆炸。事故造成165人遇难，8人失踪，798人受伤住院治疗，304幢建筑物、12428辆商品汽车、7533个集装箱受损，直接经济损失68.66亿元人民币。事故的直接原因是瑞海公司危险品仓库南侧集装箱内的硝化棉由于湿润剂散失出现局部干燥，在高温天气等因素的作用下加速分解放热，积热自燃，引起相邻集装箱内的硝化棉和其他危险化学品大面积燃烧，导致违规存放于运抵区的硝酸铵等危险化学品发生爆炸。

山东国金化工厂“8·25”爆炸事故

2012年8月25日，山东国金化工厂双氧水车间发生爆炸事故，造成3人死亡、7人受伤，直接经济损失约750万元。事故的直接原因是钯催化剂及白土床中氧化铝粉末随氢化液进入到氧化塔中，引起双氧水分解，使塔内压力、温度升高。紧急停车后，未采取排料、泄压等有效措施，高温、高压导致氧化塔上塔爆炸。

广西省河池市广维化工股份有限公司“8·26”爆炸事故

2008年8月26日，广西壮族自治区河池市广维化工股份有限公司有机厂发生爆炸事故，造成21人死亡、59人受伤，厂区附近3公里范围共11500多名群众疏散，事故造成直接经济损失7586万元。事故的直接原因是储存合成工段醋酸和乙炔合成反应液的CC-601系列储罐液位整体出现下降，导致罐内形成负压并吸入空气，与罐内气相物质(90%为乙炔)混合、形成爆炸性混合气体，并从液位计钢丝绳孔溢出，被钢丝绳与滑轮升降活动产生的静电火花引爆，随后罐内物料流出，蒸发成大量可燃爆蒸气云随风扩散，遇火源发生波及全厂的大爆炸和火灾。

山东东营滨源化学有限公司“8·31”爆炸事故

2015年8月31日，山东东营滨源化学有限公司年产2万吨改性型胶粘新材料联产项目二胺车间混二硝基苯装置在投料试车过程中发生爆炸事故，事故造成13人死亡。爆炸事故发生前，该企业先后两次组织投料试车，均因为硝化机温度波动大、运行不稳定而被迫停止。事故发生当天，企业负责人在上述异常情况原因未查明的情况下，再次强行组织试车，在出现同样问题停止试车后，车间负责人违章指挥操作人员向地面排放硝化再分离器内含有混二硝基苯的物料，导致起火并引发爆炸。由于后续装置还未完工，事故发生前有多个外来施工队伍在生产区内施工、住宿，造成事故伤亡扩大。

Sep 九月份典型事故

宁夏捷美丰友化工有限公司“9·7”中毒事故

2014年9月7日，宁夏捷美丰友化工有限公司发生氨气液混合物从主火炬筒顶部喷出事故，造成200m范围内41人急性氨中毒。事故的直接原因是：设置在两台氨蒸发器壳侧设备出口管线上的安全阀均为气液两相阀，在其中一台氨蒸发器的安全阀起跳后，液氨直接进入氨事故火炬管线，加之氨事故火炬未设置气液分离罐，致使液氨从事故火炬口喷出，气化后扩散，导致事故的发生。

石家庄晋州市一非法染料中间体生产窝点“9·8”爆炸事故

2016年9月8日，河北省晋州市东里庄镇北寺村梨园内的一非法窝点加工苦味酸发生爆炸事故，造成7人死亡。外来施工人员违反动火作业规范，在未检测、未采取安全措施、未经审批的情况下动火作业，气焊作业焊花掉落引起现场附近堆放的苦味酸爆燃，进而引发了库房内堆积的苦味酸爆炸。

江西乐平市江维高科股份有限公司“9·13”爆炸事故

2011年9月13日，江西江维高科股份有限公司有机分厂醇解工段四楼发生爆炸，造成3人死亡、3人受伤，经济损失230余万元。事故的直接原因是甲醇和聚醋酸乙烯等原料没有经过充分搅拌和充分反应，甲醇在醇解机内挥发，与打开人孔而进入的空气混合，形成爆炸性混合气体。操作工为清空醇解机内反应不好的废料，打开人孔，用铁钩将料钩出并用铁锯割开，铁钩、铁锯与醇解机人孔壁碰撞产生火花，点燃爆炸性混合气体，发生爆炸。

浙江华元化工"9·14"萘储罐爆炸

2013年9月14日，浙江省绍兴市上虞区道墟镇工业区内的绍兴市华元化工有限公司发生一起萘储罐爆炸事故，造成3人死亡。事故直接原因是，员工用氧气、乙炔气割枪明火烘烤结晶萘料管，致使熔融的液萘外溢，遇明火着火；输送管中液萘继续流出，在萘储罐顶部的人孔盖附近燃烧，引燃人孔盖内部的结晶萘，导致罐内液萘进一步汽化，达到爆炸极限，引发爆燃。

辽宁省辽阳金航石油化工有限公司"9·14"爆炸事故

2008年9月14日，辽宁省辽阳市灯塔市金航石油化工有限公司发生爆炸事故，造成2人死亡，1人下落不明，2人受轻伤。该起事故是由于在滴加异辛醇进行硝化反应的过程中，当班操作工违章脱岗，反应失控时没能及时发现和处置，导致反应釜内温度、压力急剧上升，釜内物料从反应釜顶部的排放口喷出，喷到成品库房内的可燃物上，导致着火，引发成品库内堆积的桶装硝酸异辛酯爆炸，并引起厂内其他物料爆炸、燃烧。

辽宁抚顺顺特化工有限公司"9·14"爆炸火灾事故

2013年9月14日，抚顺顺特化工有限公司发生一起爆炸火灾事故，事故造成5人死亡，两台储罐报废，$50m^3$甲酸(三)甲酯产品燃尽，直接经济损失120万元。事故的直接原因是顺特公司作业人员在罐顶违章进行电焊作业产生的火花引爆了作业罐顶采样孔外溢的甲酸(三)甲酯蒸气，并回火至罐内，造成大罐内的爆炸性气体爆炸。

云南南磷集团电化有限公司"9·17"氯气中毒事故

2008年9月17日，云南南磷集团电化有限公司发生氯气泄漏。事故造成71人中毒。事故的直接原因是：液氯充装站操作工将液氯钢瓶充满、关闭液氯充装阀后，没有及时调节液氯充装总管回流阀，充装总管短时压力迅速升高，造成充装系统压力表根部阀门上部法兰的垫片出现泄漏。泄漏的液氯气化扩散，造成该名操作工和下风向其他岗位的6名操作工、以及正在该企业的二期建设项目施工的64名施工人员不同程度中毒。

万华化学集团股份有限公司“9·20”MDI缓冲罐爆裂事故

2016年9月20日17时22分，万华化学集团股份有限公司烟台工业园二苯基甲烷二异氰酸酯生产装路在停车退料过程中，一容积为12m^{3}的异氰酸酯(MDI)缓冲罐发生爆裂，造成4人死亡，4人受伤。DAM与MDI反应放出的热量，导致粗MDI缓冲罐内温度不断升高，最终达到MDI自聚反应起始温度，MDI迅速自聚，同时产生大量二氧化碳，使粗MDI缓冲罐内温度、压力快速升高，最终超压爆裂，导致事故发生。

湖南鲁湘钡业“9·23”检修雷蒙机爆燃事故

2014年9月23日，湖南省新晃县鲁湘钡业有限责任公司硝酸钡包装车间在检修雷蒙机的过程中发生爆燃事故，导致6人死亡。事故的直接原因是：检修雷蒙机时，致底部变速箱顶盖崩掉，形成半月型开口，顶盖上及周围遗留的硝酸钡掉入变速箱机油内，导致具有强氧化性的硝酸钡与有机可燃物(机油)混合形成爆炸性混合物，检修人员违规用铁器敲打螺栓产生火花，引发爆燃。

Oct 十月份典型事故

湖北省保康县红岩湾化工厂“10·3”中毒事故

2013年10月3日，湖北尧治河化工股份有限公司红岩湾化工厂黄磷车间净化工段发生硫化氢中毒事故，造成3人死亡、5人受伤，直接经济损失238万元。事发时，作业人员正在对5#循环槽进行清理作业，因搅动淤泥使滞留的硫化氢气体逸出，造成作业人员吸入中毒。施救人员在未穿戴合适的个体防护用品条件下，盲目入槽施救，相继中毒。

山东省博兴县诚力供气有限公司“10·8”重大爆炸事故

2013年10月8日，山东省博兴县诚力供气有限公司稀油密封干式煤气柜在生产运行过程中发生重大爆炸事故，共造成10人死亡、33人受伤、直接经济损失3200万元。事故的直接原因是：该公司气柜在运行过程中，因密封油黏度降低、活塞倾斜度超出工艺要求，致使密封油大量泄漏、油位下降，活塞密封系统失效，造成煤气由活塞下部空间窜到活塞上部空间，与空气混合形成爆炸性混合气体，遇点火源发生爆炸。

山东省烟台凯实工业有限公司"10·11"中毒事故

2007年10月11日，山东省烟台凯实工业有限公司备料二车间操作人员在上料过程中发生硫化氢中毒事故，造成5人死亡。事发时，操作工为了赶时间，在向2号浸出槽内加入硫化镍精矿粉时，一次性将1.5t的硫化镍精矿粉料加入浸出槽，导致吸收塔不能完全吸收产生的大量硫化氢气体，而发生冒槽，溢出的硫化氢致使5人中毒死亡。

湖北省浠水县蓝天联合气体有限公司"10·13"窒息事故

2015年10月13日，湖北浠水蓝天联合气体有限公司发生窒息事故，共造成3人死亡，直接经济损失约160万元。事故的直接原因是：钻孔作业需要用水，2名施工人员带来抽水泵，擅自抬开了密封储罐基础槽水坑入口处的两块水泥盖板，准备到储罐底部水坑内取水。此时，设备运行排放出大量氮气通过暗沟到达储罐基础槽(氮气含量达95%)，二人吸入高浓度氮气晕倒窒息。公司设备部长发现两人不见四处寻找，也不幸溺水身亡。

浙江省常山县绝缘材料有限公司"10·16"爆炸事故

2011年10月16日，浙江省常山县绝缘材料有限公司制胶车间发生爆炸燃烧事故，造成3人死亡，3人受伤。事故的直接原因是公司制胶车间一反应釜因温度失控，造成釜内压力增高，物料爆沸冲开加料孔盖，甲醇蒸汽与空气混合形成爆炸性混合气体，遇车间非防爆电器设备运行产生的火花，发生爆燃。

德国巴斯夫路德维希化工厂爆炸事故

2016年10月17日11时30分左右(德国时间)，德国巴斯夫(BASF)路德维希港化工厂内的一条抽余液管线起火，随后引发管廊内乙烯管线爆炸，大火持续燃烧约10小时，事故共造成了4人死亡、7人重伤、22人轻伤。事故调查的初步原因为：本来在一条已倒空的丙烯管线上进行预防性检修更换某些管段，但却割穿了另一条抽余液管线；在事故处置过程中，没有完全切断物料前，扑灭了大火，现场发生了二次爆炸。

山东省广饶县润恒化工有限公司"10·18"中毒事故

2013 年 10 月 18 日，山东省广饶县润恒化工有限公司医药中间体生产车间发生物料泄漏中毒事故，造成 3 人死亡，直接经济损失约 270.6 万元。事故的直接原因是氟化岗位操作工违章操作，未佩戴必要的劳动防护用品，在氟化釜处于带压的状态下，使用管钳对已关闭到位的截止阀进行压紧阀盖作业，致使截止阀压盖螺纹失稳滑丝，导致含有氟化氢的物料喷出，造成事故。

江苏省索普化工建设工程有限公司"10·19"中毒窒息事故

2015 年 10 月 19 日，江苏省索普化工建设工程有限公司在江苏索普集团有限公司甲醇厂气化车间气化系统真空闪蒸罐进行清灰检修作业时，3 名罐内清灰作业人员中毒窒息死亡。事故原因是：作业人员在用工具翻动罐体下部较厚灰渣过程中，引起其中的硫化亚铁发生链式自热反应，产生的热量又引发灰渣中的煤粉氧化产生一氧化碳，同时释放出灰渣中残存的硫化物，造成施工人员中毒窒息死亡。

山东省垦利县新发药业有限公司"10·21"火灾事故

2013 年 10 月 21 日，山东省垦利县新发药业有限公司发生火灾事故，造成 4 人死亡、1 人受伤。事故的直接原因是：紧靠新发药业维生素 B2 车间(已停产 1 个月)西墙外侧的导热油管线破裂，泄漏的高温导热油引燃包装材料和成品，并产生大量烟气，致使正在四层平台实施保温施工的 5 名人员受困，造成 4 人死亡，1 人受伤。

Nov | 十一月份典型事故 |

吉林省松原石油化工股份有限公司"11·6"爆炸火灾事故

2011 年 11 月 6 日，吉林省松原石油化工股份有限公司发生爆炸火灾事故，造成 4 人死亡，7 人受伤。事故的直接原因是：气体分馏装置脱乙烷塔顶回流罐由于硫化氢应力腐蚀造成筒体封头产生微裂纹，微裂纹不断扩展，致使罐体封头在焊缝附近热影响区发生微小破裂后进而整体断裂，发生物理爆炸，罐内介质(乙烷与丙烷的液态混合物)大量泄漏，与空气中的氧气混合达到爆炸极限后，遇明火发生闪爆，并引发火灾。

湖北钟祥市大生化工有限公司“11·13”较大事故

2016年11月13日17时30分，位于湖北荆门钟祥市磷矿镇刘冲村的大生化工有限公司(以下简称大生公司)发生窒息事故，造成3人死亡。

山东新泰联合化工有限公司“11·19”爆燃事故

2011年11月19日，山东新泰联合化工有限公司发生爆燃事故，造成15人死亡，4人受伤，直接经济损失1890万元。事故发生在尿素车间，在道生油冷凝器维修过程中，因未采取可靠的防止试压水进入热气冷却器道生油内的安全措施，造成四楼平台道生油冷凝器壳程内的水灌入三楼平台热气冷却器壳程内，水与高温道生油混合并迅速汽化，水蒸气夹带道生油从道生油冷凝器的进气口和出液口法兰处喷出，与空气形成爆炸性混合物，遇点火源发生爆燃。

衡水天润化工科技有限公司“11·19”中毒事故

2016年11月19日1时20分，衡水天润化工科技有限公司(以下简称天润公司)在实验生产噻唑烷过程中发生甲硫醇等有毒气体外泄，致当班操作人员中毒，造成3人死亡、2人受伤。

山西榆社化工股份有限公司“11·20”爆炸事故

2010年11月20日，山西榆社化工股份有限公司发生爆炸事故，造成4人死亡，2人重伤，3人轻伤，直接经济损失2725万元。事故的直接原因是该公司树脂二厂二号聚合厂房一聚合釜顶部的氯乙烯单体进口管线弯头焊口开裂，物料泄漏导致发生空间爆炸。

宁夏中卫兴尔泰化工有限公司“11·20”中毒事故

2012年11月20日，宁夏中卫市兴尔泰化工公司发生一氧化碳中毒窒息事故，造成4人死亡，2人受伤。事发时合成车间正在向精炼工段再生器加铜，吊车把铜瓦吊入再生器，负责摘吊钩的操作工爬在再生器人孔摘吊钩没有摘掉，就跳入再生器中摘吊钩，随即发生一氧化碳中毒并晕倒。车间人员没有佩戴任何防护用具进入再生器盲目施救，导致多人中毒伤亡。

"11 · 22"中国石化东黄输油管道泄漏爆炸特别重大事故

2013 年 11 月 22 日，位于山东省青岛经济技术开发区的中国石化东黄输油管道发生爆炸事故，造成 62 人死亡、136 人受伤，直接经济损失 7.5 亿元。事故的直接原因是位于秦皇岛路与斋堂岛街交叉口处与排水暗渠交叉穿越的东黄输油管道因腐蚀减薄破裂，造成原油泄漏。泄漏的原油油气在流水暗渠内与空气混合达到爆炸极限，现场处置人员采用液压破碎锤在暗渠盖板上进行打孔破碎作业时，产生撞击火花，引发暗渠爆炸。

上海市浦三路油气加注站"11 · 24"液化气储罐爆炸事故

2007 年 11 月 24 日，上海市浦三路油气加注站液化气储罐发生爆炸事故，造成 4 人死亡，30 人受伤。事发前，油气加注站在安全检查中发现隐患，停业检修。在进行管道气密性试验时，没有将管道与埋地液化石油气储罐用盲板隔断，导致液化石油气储罐内未置换干净的液化石油气与压缩空气混合，形成爆炸性混合气体，遇现场电焊火花，引发爆炸。

广东省罗定新邦林产化工有限公司"11 · 25"火灾事故

2008 年 11 月 25 日，广东云浮罗定市辔滨镇新邦林产化工有限公司发生火灾，事故造成 3 人死亡，3 人受伤，疏散了周边 1km 内所有人员。事故的直接原因是：公司萜烯树脂车间一聚合反应釜冷却盘管出水管法兰在生产过程中突然发生泄漏，泄漏的冷却水与反应釜内的催化剂三氯化铝发生化学反应，生成大量的氯化氢气体引发冲料，导致松节油、甲苯、三氯化铝等混合物大量外泄，遇到一楼包装车间、锅炉车间等非防爆区域火源，被引燃并迅速回燃，引起树脂生产及包装车间内可燃气体爆燃，造成整个萜烯树脂生产车间发生大火。

江苏联化科技有限公司"11 · 27"爆燃事故

2007 年 11 月 27 日，江苏联化科技有限公司发生爆燃事故，造成 8 人死亡，5 人受伤，直接经济损失约 400 万元。事故的直接原因是染料中间体当班操作工操作不当，本应对重氮化反应进行保温，但没有将加热蒸汽阀门关到位，致使反应釜被继续加热，导致重氮化釜内重氮盐剧烈分解，发生化学爆炸。

黑龙江胜农科技开发有限公司“11·27”中毒事故

2015 年 11 月 27 日，黑龙江胜农科技开发有限公司租用鹤岗市旭祥禾友化工有限公司的禾草灵车间设备进行乙嘧酚工业化试验时发生中毒事故，造成胜农科技开发有限公司 3 名员工死亡。事故的直接原因是：新产品乙嘧酚试验过程中，含有甲硫醇的尾气负压吸收和三级碱吸收系统的引风机吸风口与尾气的连接管道因气温低造成冻堵，使尾气碱液吸收塔失去吸收功能，尾气中的甲硫醇不能及时吸收而外泄，引发在场的 3 名操作工人中毒死亡。

浙江菱化实业股份有限公司“11·28”爆燃事故

2007 年 11 月 28 日，浙江省湖州市浙江菱化实业股份有限公司的二级脱酸甩盘釜发生燃爆事故，造成 3 人死亡。事故的直接原因是公司亚磷酸二甲脂车间当班操作工没有及时发现 DCS 控制系统显示甲醇进料系统故障和发出的警告信号，没有采取有效措施，致使甲醇自动进料系统发生故障后中断甲醇进料 2 小时 40 分钟，造成另一反应物三氯化磷进料过多，过量三氯化磷经反应釜进入粗酯受器并与粗酯中残留的甲醇发生反应，产生大量气体(氯化氢、氯甲烷)和反应热，导致粗酯受器盖子被炸飞，冲出的大量气体遇到爆炸产生的火星以及大量的三氯化磷遇水，继而引发后续的爆炸和燃烧。爆炸和燃烧产生大量的刺激性气体，造成现场操作工在逃生过程中窒息。

河北邯郸龙港化工有限公司“11·28”液氨泄漏事故

2015 年 11 月 28 日，河北省邯郸市龙港化工有限公司发生液氨泄漏事故，造成 3 人死亡、4 人受伤。事发时工人正在将一储罐内的液氨往槽车充装，因备用液氨进料管线法兰盲板处泄漏，导致 2 名操作工和 1 名槽车司机死亡、4 人受伤。

Dec | 十二月份典型事故 |

内蒙古阿拉善盟吉兰泰氯碱化工公司“12·2”爆炸事故

2010 年 12 月 2 日，内蒙古阿拉善盟吉兰泰氯碱化工有限公司发生一起氯乙烯爆炸事故，造成 3 人死亡，1 人受伤。事故的直接原因是：在处理转化器漏点时错误地关闭了补水阀、旁通阀、溢流阀、蒸汽回流阀，致使氯化氢和乙炔的混合气体在催化剂的作用下反应生成氯乙烯的反应热不能及时移走，最终导致转化器内的热水汽化而发生爆炸。

江西省江锂科技有限公司“12·3”中毒窒息事故

2009年12月3日，江西省新余市江锂科技有限公司二分厂发生一起中毒窒息事故，造成3人死亡，2人受伤。事故的直接原因是反应釜中的一氧化碳通过新安装的料浆输送管回流至原矿调浆池坑，并不断积聚，导致司泵工窒息。随后在未采取任何安全防护措施的情况下，多人下坑进行施救，相继窒息晕倒。

贵州省黔东南州“12·4”爆炸事故

2010年12月4日，贵州省黔东南州凯里市清平南路高架桥下东侧一两层砖混结构房屋发生爆炸事故，造成相邻网吧和居民楼内7人死亡，38人受伤。事故由网吧一墙之隔的一小房间堆放的危化品引发，房间内堆放有三种袋装化学粉末物品，分别为高效聚氯化铝、氢氧化铝、亚硝酸钠，以及若干玻璃瓶装液体，分别为硝酸、盐酸和石油醚。

陕西省榆林市“12·7”液化天然气泄漏事故

2013年12月7日，陕西省榆林市榆阳区上盐湾镇一所在建LNG加气站发生液化天然气泄漏事故，造成4人死亡。事故的直接原因是：一辆运气车通过输送管道给加气站的储气罐输气时，发生液化天然气泄漏(疑因储气罐内阀门松动)，前后有7人在未采取任何防护措施的情况下进入罐内试图修复，其中4人不幸中毒后窒息身亡。

安徽省淮南市超强化工公司“12·8”爆炸事故

2008年12月8日，安徽省淮南市超强化工有限责任公司生产二甲基吡咯烷酮的设备发生爆炸，事故造成3人死亡，2人轻伤。事故直接原因：该公司生产二甲基吡咯烷酮的设备在检修过程中，由于操作不当，造成导热油泄漏遇高温发生爆炸。

中石油兰州石油化工公司“12·11”水罐闪爆事故

2006年12月11日，中石油兰州石油化工公司助剂厂在对装置内常压凝水储罐(TK-1808)顶部进行焊接配管作业时，发生闪爆事故，造成3人死亡。事故的直接原因是冷凝水罐TK-1808内串入了来自脱丁烷塔进料换热器的可燃气体正丁烷，在该罐上部气相空间形成爆炸性混合气体，遇到落入罐内的焊花，发生闪爆。

北京广众源气体公司“12·14”爆燃事故

2009年12月14日，北京广众源气体有限责任公司炭黑水储罐区发生爆燃事故，造成3人死亡。事故的直接原因是：在该公司炭黑水空冷器改造工程施工过程中，工人使用气割输送炭黑水管道时，引燃炭黑水罐体内易燃易爆气体，致使炭黑水罐体爆炸。事发前，事故罐中尚有部分炭黑水，并溶解了极少量的合成气并在罐内上部长期聚集，与空气形成混合气体。

宁夏宝丰能源集团公司“12·17”硫化氢中毒事故

2011年12月17日，宁夏宝丰能源集团有限公司苯加氢项目发生硫化氢中毒事故，造成3人死亡，9人受伤。事发时，一名苯加氢员工在巡检时发现非芳烃地下废液槽抽出泵的轴封有渗漏，在通知现场主操后，对渗漏部位进行检查时，不小心掉入槽外的地坑中昏迷。随后多人盲目施救相继中毒晕倒。

甘肃省新川肥料公司“12·20”中毒窒息事故

2010年12月20日，甘肃省新川肥料有限公司发生气体中毒窒息事故，造成5人死亡，2人受伤。事故的直接原因是电气故障导致曼海姆反应炉尾气在粉碎机地坑内大量聚集，致使正在检修的人员和后续救援人员相继中毒窒息。

河南巩义市五发助剂厂“12·24”爆炸事故

2011年12月24日，河南省郑州巩义市五发助剂厂发生石蜡原料储罐爆炸事故，造成3人死亡，1人受伤。事故的直接原因是塑料输料管老化脱落，导致管内的液体石蜡大量泄漏，遇到锅炉的明火后燃烧爆炸。

山东省临沂市兰山区九州化工厂“12·29”爆炸事故

2013年12月29日，山东省临沂市兰山区九州化工厂在一辆双氧水槽罐车卸料至多个双氧水包装桶过程中，一装满双氧水的包装桶发生爆炸，造成3人死亡，直接经济损失200余万元。事故的直接原因是违规使用盛装过盐酸的塑料桶盛装双氧水，桶内残存的 Fe^{3+} 及其他金属杂质引起双氧水急剧分解导致超压爆炸。

昆明全新生物制药公司“12·30”爆炸事故

2010年12月30日，云南省昆明市昆明全新制药有限公司片剂车间发生爆燃事故，造成5人死亡，8人受伤。事发时，检修人员为给空调更换过滤器，断电停止了空调工作，净化后的空气无法进入洁净区，同时，烘箱内的循环热气流使粒料中的水分和乙醇蒸发，烘箱内积聚了达到爆炸极限的乙醇气体。操作人员在烘箱烘烤过程中开关烘箱送风机或者轴流风机运转过程中产生电器火花，引爆积累在烘箱中的乙醇爆炸性混合气体。

附录二　模拟试题及参考答案

模拟试题

一、填空题(共 20 题，每小题 1 分)

1. 我国安全生产方针是“安全第一、________、综合治理。”

2. 安全生产法律、________、地方性法规、部门规章和国家标准、行业标准共同构成安全生产法律法规体系。

3. 企业安全生产责任体系五落实五到位规定，“五到位”指必须做到安全责任到位、安全投入到位、安全培训到位、安全管理到位、________。

4. 依照《安全生产法》规定，生产经营单位应当具备的安全生产条件所必需的资金投入，由生产经营单位的决策机构、________或者个人经营的投资人予以保证，并对由于安全生产所必需的资金投入不足导致的后果承担责任。

5. 生产经营单位发生生产安全事故时，单位的主要负责人应当立即组织抢救，并不得在事故调查处理期间________。

6. 依照《生产安全事故报告和调查处理条例》的规定，事故发生后，事故现场有关人员应当立即向本单位负责人报告；单位负责人接到报告后，应当于________内向事故发生地县级以上人民政府安全生产监督管理部门和负有安全生产监督管理职责的有关部门报告。

7. 企业应当对从业人员进行安全生产教育和培训，保证从业人员具备必要的安全生产知识，熟悉有关的安全生产规章制度和安全操作规程，掌握本岗位的安全操作技能，了解事故应急处理措施，知悉自身在安全生产方面的权利和义务。未经安全生产教育和培训合格的从业人员，不得________。

8. 新员工三级安全教育，指厂(公司)、车间(工段、区、队)、________三级安全教育培训。

9. 生产经营单位应当安排用于配备劳动防护用品、进行安全生产培训的经费。安全生产宣传、教育、培训支出列入________。

10. 过程安全是指防止________或能量的意外释放，以避免灾难性的事故，如着火、爆炸和大范围的人员中毒伤害。过程安全关注系统的合理性与完好性。

11. 危险化学品企业________指设备检修过程中可能涉及的动火、进入受限空间、盲板抽堵、高处作业、吊装、临时用电、动土、断路等，对操作者本人、他人及周围建(构)筑物、设备、设施的安全可能造成危害的作业。

12. 固定动火区外的动火作业一般分为二级动火、一级动火、________三个级别，遇节日、假日或其他特殊情况，动火作业应升级管理。

13. ________指进出口受限，通风不良，可能存在易燃易爆、有毒有害物质或缺氧，对进入人员的身体健康和生命安全构成威胁的封闭、半封闭设施及场所，如反应器、塔、釜、槽、罐、炉膛、锅筒、管道以及地下室、窨井、坑(池)、下水道或其他封闭、半封闭场所。

14. 生产经营单位新建、改建、扩建工程项目(以下统称建设项目)的安全设施，必须与主体工程同时设计、同时施工、同时________。

15. 安全设备的设计、制造、安装、使用、检测、维修、改造和报废，应当符合________或者行业标准。生产经营单位必须对安全设备进行经常性维护、保养，并定期检测，保证正常运转。维护、保养、检测应当作好记录，并由有关人员签字。

16. 危险化学品"两重点、一重大"指的是：重点监管的危险化学品、重点监管的危险化工工艺、________。

17. 危险化学品单位应当制定重大危险源事故应急预案演练计划，并按照下列要求进行事故应急预案演练：对重大危险源专项应急预案，每年至少进行一次；对重大危险源现场处置方案，每________至少进行一次。

18. 重大危险源，是指长期地或者临时地生产、搬运、使用或者储存危险物品，且危险物品的数量等于或者超过临界量的单元(包括________)。重大危险源根据其危险程度，分为一级、二级、三级和四级，一级为最高级别。

19. 生产经营单位必须依法参加________，为从业人员缴纳保险费。

20. 两个以上生产经营单位在同一作业区域内进行生产经营活动，可能危及对方生产安全的，应当签订________，明确各自的安全生产管理职责和应当采取的安全措施，并指定专职安全生产管理人员进行安全检查与协调。

二、单项选择题(共 40 题，每题 1 分。每题的备选项中，只有 1 个最符合题意)

1. 企业进行隐患排查的频次应满足，企业至少(　　)组织一次，基层单位至少每季度组织一次综合性隐患排查和专业隐患排查，两者可结合进行。

A. 三个月　　B. 半年　　C. 一年　　D. 两年

2. 危险物品的生产、经营、储存单位，应当设置安全生产管理机构或者配备(　　)。人数应不少于企业员工总数的2%(不足50人的企业至少配备1人)。

A. 工艺技术人员　　B. 设备技术人员

C. 专职安全生产管理人员　　D. 注册安全工程师

3. 对于重大事故隐患，由企业主要负责人组织制定并实施事故隐患治理方案。重大事故隐患治理方案应包括：治理的目标和任务；采取的方法和措施；经费和物资的落实；负责治理的机构和人员；治理的时限和要求；防止整改期间发生事故的(　　)。

A. 安全措施　　B. 管理制度　　C. 撤离计划　　D. 处理措施

4. 特种设备，是指对(　　)安全有较大危险性的锅炉、压力容器(含气瓶)、压力管道、电梯、起重机械、客运索道、大型游乐设施、场(厂)内专用机动车辆，以及法律、行政法规规定的其他特种设备。

A. 设备和环境　　B. 人身和财产　　C. 周围社区人员　D. 操作人员

5. 新建、扩建、改建建设项目和技术改造、技术引进项目(以下统称建设项目)可能产生职业病危害的，建设单位在可行性论证阶段应当进行职业病危害预评价。建设项目在竣工验收前，建设单位应当进行职业病危害(　　)。

A. 控制效果评价　　B. 中间评价　　C. 验收前评价　　D. 阶段性评价

6. 依据《安全生产法》，事故调查处理应当按照(　　)的原则，查清事故原因，查明事故性质和责任。

A. 实事求是、尊重科学

B. 公开、公正、公平

C. 及时、准确、合法

D. 科学严谨、依法依规、实事求是、注重实效

7. 从业人员发现事故隐患或者其他不安全因素，正确的处理方法是(　　)

A. 一定要自己想办法排除隐患

B. 立即停止作业

C. 告知工友注意安全后继续作业

D. 立即向现场安全生产管理人员或者本单位负责人报告

8. 依据《安全生产法》的规定，任何单位和个人对事故隐患或者安全生产违法行为，均有权向(　　)报告或者举报。

A. 各级人民政府

B. 生产经营单位安全生产管理部门

C. 安全生产监察机关

D. 负有安全生产监督管理职责的部门

9. 依据《安全生产法》，生产经营单位与从业人员订立协议，免除或者减轻其对从业人员因生产安全事故伤亡依法应承担的责任的，该协议无效；对生产经营单位(　　)。

A. 责令停止生产

B. 责令停产整顿

C. 责令限期改正

D. 主要负责人、个人经营的投资人给予罚款处罚

10. 依据《安全生产法》的规定，生产经营单位的从业人员有权了解其作业场所和工作岗位存在的危险因素、防范措施及(　　)。

A. 劳动用工情况　　B. 安全技术措施

C. 安全投入资金情况　　D. 事故应急措施

11.《安全生产法》第一百零四条规定，生产经营单位的从业人员不服从管理，违反安全生产规章制度或者操作规程的，由生产经营单位给予批评教育，依照有关规章制度给予(　　)。

A. 行政处罚　　B. 处分　　C. 追究刑事责任　　D. 批评教育

12. 依据《安全生产法》的规定，从业人员发现直接危及人身安全的紧急情况时，可以(　　)后撤离现场。

A. 经安全管理人员同意　　B. 经单位负责人批准

C. 经现场负责人同意　　D. 采取可能的应急措施

13. 依据《安全生产法》的规定，生产经营单位与从业人员订立的劳动合同，应当载明有关保障从业人员劳动安全和(　　)的事项。

A. 事故应急措施　　B. 防止职业危害

C. 安全技术措施　　D. 职业危害申报

14. 事故发生单位对事故发生负有责任的，由有关部门依法暂扣或者吊销其有关证照；对事故发生单位负有事故责任的有关人员，依法暂停或者撤销其与安全生产有关的执业资格、岗位证书；事故发生单位主要负责人受到刑事处罚或者撤职处分的，自刑罚执行完毕或者受处分之日起，(　　)年内不得担任任何生产经营单位的主要负责人。

A. 1年　　B. 2年　　C. 3年　　D. 5年

15. 危险物品的生产、经营、储存单位应当建立应急救援组织；生产经营规

模较小的，可以不建立应急救援组织，但应当指定(　　)。

A. 专职的应急救援人员　　B. 兼职的应急救援人员

C. 专门的应急救援机构　　D. 专门的应急救援程序

16.《中华人民共和国突发事件应对法》中规定我国突发事件分为自然灾害、(　　)、公共卫生事件和社会安全事件四种类型。按照社会危害程度、影响范围等因素，自然灾害、事故灾难、公共卫生事件又分为特别重大、重大、较大和一般四个级别。

A. 事故灾难　　B. 反恐事件　　C. 中毒事件　　D. 破坏事件

17. 企业应当制定本单位生产安全事故应急救援预案，与所在地县级以上地方人民政府组织制定的生产安全事故应急救援预案相衔接，并定期(　　)。

A. 组织演练　　B. 组织学习　　C. 开展培训　　D. 开展交流

18. 企业应建立本单位的生产安全事故应急救援预案体系，按照国家有关要求，制定综合应急预案、专项应急预案和(　　)，并按照规定将综合应急预案和专项应急预案报政府有关部门备案。

A. 现场防护措施　　B. 现场处置方案

C. 应急疏散措施　　D. 应急撤离方案

19.《中华人民共和国职业病防治法》规定，用人单位必须采用有效的职业病防护设施，并为劳动者提供个人使用的(　　)

A. 职业病防护用品　　B. 工作服

C. 防护服　　D. 安全帽和安全鞋

20. 根据生产安全事故(以下简称事故)造成的人员伤亡或者直接经济损失，事故一般分为四个等级：特别重大事故、重大事故、(　　)和一般事故。

A. 中等事故　　B. 较大事故　　C. 较为重大事故　　D. 重要事故

21. 单位负责人接到报告后，应当于(　　)内向事故发生地县级以上人民政府安全生产监督管理部门和负有安全生产监督管理职责的有关部门报告。事故报告内容应当包括：事故发生单位概况；事故发生的时间、地点以及事故现场情况；事故的简要经过；事故已经造成或者可能造成的伤亡人数(包括下落不明的人数)和初步估计的直接经济损失；已经采取的措施等。事故报告后出现新情况的，应当及时补报。

A. 1 小时　　B. 2 小时　　C. 8 小时　　D. 24 小时

22. 生产经营单位的主要负责人在本单位发生生产安全事故时，不立即组织抢救或者在事故调查处理期间擅离职守或者逃匿的，给予降级、撤职的处分，并由安全生产监督管理部门处(　　)的罚款；对逃匿的处十五日以下拘留；构成犯罪的，依照刑法有关规定追究刑事责任。

A. 上一年年收入百分之三十至百分之五十

B. 上一年年收入百分之五十至百分之八十

C. 上一年年收入百分之六十至百分之八十

D. 上一年年收入百分之六十至百分之一百

23. 生产经营单位的决策机构、主要负责人或者个人经营的投资人不依照本法规定保证安全生产所必需的资金投入，致使生产经营单位不具备安全生产条件的，责令限期改正，提供必需的资金；逾期未改正的，责令生产经营单位(　　)。

A. 采取整改措施　　B. 拿出解决方案

C. 停产停业整顿　　D. 参加安全培训

24. 生产经营单位应当积极推进(　　)，实现安全管理、设备设施、作业现场、操作过程的标准化，夯实安全基础，保证安全生产。

A. 安全文化建设　　B. 安全生产标准化建设

C. 企业文化建设　　D. 制度建设

25.《危险化学品安全管理条例》规定，危险化学品专用仓库应当符合国家标准、行业标准的要求，并设置明显的标志。储存剧毒化学品、易制爆危险化学品的专用仓库，应当按照国家有关规定设置相应的技术防范设施。储存危险化学品的单位应当对其危险化学品专用仓库的安全设施、设备定期进行(　　)。

A. 检测、检验　　B. 外部检查　　C. 内部检查　　D. 全面检查

26. 生产、储存危险化学品的单位转产、停产、停业或者解散的，应当采取有效措施，及时、妥善处置其危险化学品生产装置、储存设施以及库存的危险化学品，不得丢弃危险化学品；(　　)应当报所在地县级安监部门、工信部门、环保部门和公安机关备案。安监部门应当会同环保部门和公安机关对处置情况进行监督检查，发现未依照规定处置的，应当责令其立即处置。

A. 数量　　B. 种类　　C. 处置方案　　D. 数量和种类

27.《危险化学品安全管理条例》规定，通过道路运输危险化学品的，托运人应当委托依法取得(　　)的企业承运。应当按照运输车辆的核定载质量装载危险化学品，不得超载。

A. 安全生产许可　　B. 产品合格证

C. 危险货物道路运输许可　　D. 运输许可

28.《危险化学品安全管理条例》规定，国家实行危险化学品(　　)制度，并为危险化学品安全管理、事故预防和应急救援提供技术、信息支持。

A. 登记　　B. 注册　　C. 备案　　D. 上报

29. 生产、科研、医疗等单位经常使用剧毒化学品的，应当向设区的市级人民政府(　　)部门申请领取购买凭证，凭购买凭证购买。

A. 行业主管　　B. 安监　　C. 公安　　D. 工商

30. 通过公路运输剧毒化学品的，托运人应当向目的地的县级人民政府公安部门申请办理剧毒化学品(　　)。

A. 交通运输许可证　　B. 道路运输通行证

C. 安全运输通行证　　D. 购买许可证

31. 高处作业是指在距坠落基准面(　　)以上有可能坠落的高处进行的作业。

A. 2 米及 2 米以上　　B. 3 米及以上

C. 5 米以上　　D. 10 米以上

32. 依据《危险化学品安全管理条例》规定，未取得危险化学品经营许可证从事危险化学品经营的，由安监部门责令停止经营活动，没收违法经营的危险化学品以及违法所得，并处(　　)的罚款；构成犯罪的，依法追究刑事责任。

A. 10 万元以上　　B. 10 万元以上 20 万元以下

C. 50 万元以下　　D. 100 万元以下

33.《危险化学品安全管理条例》规定，生产企业转让安全生产许可证的，没收违法所得，处(　　)的罚款，并吊销其安全生产许可证；构成犯罪的，依法追究刑事责任；接受转让的，依照本条例第十九条的规定处罚。

A. 5 万元以上 20 万元以下　　B. 10 万元以上 30 万元以下

C. 10 万元以上 50 万元以下　　D. 30 万元以上 100 万元以下

34.《安全生产许可证条例》规定，安全生产许可证有效期满需要延期的，企业应当于期满前(　　)向原安全生产许可证颁发管理机关办理延期手续。

A. 1 个月　　B. 2 个月　　C. 3 个月　　D. 6 个月

35. 特种设备使用单位对在用特种设备应当至少(　　)进行一次自行检查，并作出记录。

A. 每月　　B. 每季度　　C. 每半年　　D. 每年

36.《生产安全事故报告和调查处理条例》规定，事故发生单位负责人接到事故报告后，应当(　　)或者采取有效措施，组织抢救，防止事故扩大，减少人员伤亡和财产损失。

A. 立即拨打 110　　B. 立即启动事故相应应急预案

C. 立即拨打 119　　D. 立即拨打 120

37. 事故发生后，有关单位和人员应当妥善保护事故现场以及相关证据，任何单位和个人不得破坏事故现场、毁灭相关证据。因抢救人员、防止事故扩大以及疏通交通等原因，需要(　　)事故现场物件的，应当做出标志，绘制现场简图并做出书面记录，妥善保存现场重要痕迹、物证。

A. 移动　　B. 处置　　C. 搬开　　D. 遮挡

38.《生产安全事故报告和调查处理条例》规定，较大事故，是指造成(　　)，或者 10 人以上 50 人以下重伤，或者 1000 万元以上 5000 万元以下直接经济损失的事故；

A. 5 人以上 10 人以下死亡　　B. 3 人以上 10 人以下死亡

C. 4 人以上 10 人以下死亡　　D. 2 人以上 9 人以下

39. 生产、经营、使用国家禁止生产、经营、使用的危险化学品的，由(　　)责令停止生产、经营、使用活动，处 20 万元以上 50 万元以下的罚款，有违法所得的，没收违法所得；构成犯罪的，依法追究刑事责任。

A. 公安部门　　B. 上级部门　　C. 安监部门　　D. 工商部门

40.《危险化学品登记管理办法》规定，危险化学品登记证有效期为 3 年。登记证有效期满后，登记企业继续从事危险化学品生产或者进口的，应当在登记证有效期届满前(　　)提出复核换证申请，并按程序办理复核换证。

A. 1 个月　　B. 2 个月　　C. 3 个月　　D. 6 个月

三、判断题(共 20 题，每小题 1 分)

1. 安全检查工作可结合企业生产运行实际，采取定期、不定期的形式。一般有：日常安全排查、综合性安全检查、专业性安全检查、专项安全检查、季节性安全检查、重大活动及节假日前安全检查、发生事故后的安全检查。　(　　)

2.《化工企业工艺安全管理实施导则》(AQ/T 3034)，“承包商管理”要素要求企业须告知承包商与他们作业工艺有关的潜在的火灾、爆炸或有毒有害方面的信息，进行相关的培训，全过程控制风险；定期评估承包商表现；保存承包商在工作过程中的伤病记录。　(　　)

3. 变更管理是指对化学品、工艺技术、设备、程序以及操作过程等永久性或暂时性的变化进行有计划的控制，确保变更带来的潜在和可能的危害得到充分识别，风险得到有效控制。企业应建立变更管理程序，以确定变更的类型、等

级、实施步骤等，确保人身、财产安全，不破坏环境，不损害企业的声誉。（　）

4. 企业的风险分级管控与隐患排查治理体系被称之为双重预防机制。（　）

5. 应急预案演练分为桌面演练、实战演练、单项演练、单兵演练。（　）

6. 按照各类突发公共事件性质、严重程度、可控性和影响范围等因素，《国家突发公共事件总体应急预案》将突发公共事件分为四级：Ⅰ级(特别重大)、Ⅱ级(重大)、Ⅲ级(较大)和Ⅳ级(一般)。分别用红色、橙色、黄色和绿色标示，一级为最高级别。（　）

7. 根据GB/T 29639—2013《生产经营单位生产安全事故应急预案编制导则》划分，企业的应急预案分为综合应急预案、专项应急预案和现场处置方案。（　）

8. 事故隐患分为基础管理类隐患和设备设施类隐患。（　）

9. 根据隐患整改、治理和排除的难度及其可能导致事故后果和影响范围，分为一般事故隐患和重大事故隐患。（　）

10. 企业应建立完善《安全风险公告制度》，要在醒目位置和重点区域分别设置安全风险公告栏，制作岗位安全风险告知卡，标明主要安全风险、可能引发事故隐患类别、事故后果、管控措施、应急措施及报告方式等内容。（　）

11. 生产、储存和使用氯气、氨气、光气、硫化氢等吸入性有毒有害气体的企业，构成重大危险源的，还应当设立消防站。（　）

12. 事故报告应当及时、准确、完整，任何单位和个人对事故不得迟报、漏报、谎报或者瞒报。任何单位和个人不得阻挠和干涉对事故的报告和依法调查处理。（　）

13. 企业应当建立全员安全生产责任制，保证每位从业人员的安全生产责任与职务、岗位相匹配。安全生产责任制应当明确各岗位的责任人员、工作范围和考核标准等内容。（　）

14. 生产经营单位与从业人员订立协议，免除或者减轻其对从业人员因生产安全事故伤亡依法应承担的责任的，该协议有效；对生产经营单位的主要负责人、个人经营的投资人处二万元以上十万元以下的罚款。（　）

15. 从业人员在本企业内调整工作岗位或离岗一年以上重新上岗时，应当重新接受厂级和班组级的安全培训。（　）

16. 从业人员发现直接危及人身安全的紧急情况时，有权停止作业或者在采

取可能的应急措施后撤离作业场所。 ( )

17. 生产经营单位委托有关服务机构提供安全生产技术、管理服务的，保证安全生产的责任由服务机构负责。 ( )

18. 特种作业人员未按照规定经专门的安全作业培训，未取得相应资格，上岗作业导致事故的，应追究生产经营单位有关人员的责任。 ( )

19. 生产经营单位的主要负责人应组织制定并实施本单位安全生产教育和培训计划。 ( )

20. 承担安全评价、认证、检测、检验工作的机构，出具虚假证明的，给他人造成损害的，在缴纳罚款后，不需再与生产经营单位承担连带赔偿责任。

( )

四、多项选择题(共10题，每题2分。每题的备选项中，有2个或者2个以上符合题意，至少有1个错项，错选，本题不得分；少选，所选的每个选项得0.5分)

1. 依据《安全生产法》的规定，从业人员的安全生产义务有( )。

A. 遵章守规、服从管理的义务

B、正确佩戴和使用劳保用品的义务

C. 接受安全培训，掌握安全生产技能的义务

D、发现事故隐患或者其他不安全因素及时报告的义务

E. 事故情况下，抢险救灾的义务

2. 关于安全费用的提取和使用，表述正确的是( )。

A. 提取比例由生产经营单位根据本单位盈利情况决定

B. 安全生产费用专门用于改善安全生产条件

C. 安全生产费用在成本中据实列支

D. 安全生产费用不得在成本中列支

E. 编制年度安全费用提取和使用计划，纳入企业财务预算

3. 依据《安全生产法》的规定，生产经营单位与从业人员订立的劳动合同，应当载明有关保障从业人员( )等事项，以及依法为从业人员办理工伤社会保险的事项。

A. 劳动安全的事项

B. 防止职业危害的事项

C. 保障人业人员缴纳工伤社会保险费和获得民事赔偿的事项

D. 聘用条件

E. 岗位津贴

4. 生产经营单位将经营项目、场所发包给他人的，应当遵守下列规定(　　)：

A. 不得发包给不具备安全生产条件或相应资质的单位或个人

B. 对承包单位的安全负有全面责任，并承担全部后果

C. 与承包单位签订专门的安全管理协议，或者在承包合同中约定各自的安全职责

D. 与承包单位可以在协议中约定由承包方负全部安全生产责任

E. 对承包单位的安全生产工作统一协调、管理，定期检查并督促整改

5. 生产经营单位对重大危险源应当登记建档，进行定期(　　)并制定应急预案，告知从业人员和相关人员在紧急情况下应当采取的应急措施。

A. 整改　　B. 检测　　C. 上报　　D. 评估

E、监控

6. 从业人员在岗前进行安全生产教育和培训后，应确保具备下列知识技能(　　)。

A. 必要的安全生产知识

B. 熟悉有关的安全生产规章制度和安全操作规程

C. 掌握本岗位的安全操作技能

D. 了解事故应急处理措施

E. 知悉自身在安全生产方面的权利和义务

7. 生产经营单位的安全生产责任制应当明确各岗位的(　　)等内容。

A. 责任人员　　B. 责任范围　　C. 考核范围　　D. 考核标准

E、责任时限

8. 生产经营单位作出涉及安全生产的经营决策，应当听取(　　)的意见。

A. 分管安全生产负责人　　B. 安全生产管理机构

C. 当地安全监管部门　　D. 安全生产管理人员

E. 专业咨询机构

9. 生产经营单位新建、改建、扩建工程项目的安全设施，必须与主体工程(　　)。

A. 同时设计　　B. 同时施工　　C. 同时投入生产和使用

D. 同时完工　　E. 同时预算

10. 单位负责人接到事故报告后，应当迅速采取有效措施，组织抢救，防止

事故扩大，减少人员伤亡和财产损失，并按照国家有关规定立即如实报告当地负有安全生产监督管理职责的部门，不得(　　)。

A. 隐瞒不报　　B. 迟报　　C. 谎报

D. 故意破坏事故现场　　E. 毁灭有关证据

参考答案

一、填空题

1. 预防为主　2. 行政法规　3. 应急救援到位　4. 主要负责人　5. 擅离职守　6. 1 小时　7. 上岗作业　8. 班组级　9. 安全生产费用　10. 危险化学品泄漏　11. 特殊作业　12. 特殊动火　13. 受限空间　14. 投入生产和使用　15. 国家标准　16. 危险化学品重大危险源　17. 半年　18. 场所和设施　19. 工伤保险　20 安全生产管理协议

二、单项选择题

1. B　2. C　3. A　4. B　5. A　6. D　7. D8. D　9. D　10. D

11. B　12. D　13. B　14. D　15. B　16. A　17. A　18. B　19. A　20. B

21. A　22. D　23. C　24. B　25. A　26. C　27. C　28. A　29. C　30. B

31. A　32. B　33. C　34. C　35. A　36. B　37. A　38. B　39. C　40. C

三、判断题

1. ×　2. √　3. √　4. √　5. ×　6. ×　7. √　8. ×　9. √　10. √

11. ×　12. √　13. ×　14. ×　15. ×　16. √　17. ×　18. √　19. √

20. ×

四、多项选择题

1. ABCD　2. BCE　3. AB　4. ACE　5. BDE　6. ABCDE　7. ABD　8. BD

9. ABC　10. ABCDE